历史应该这样学

从两汉到五代

赵利剑 著

天地出版社 | TIANDI PRESS

自序

有一句话广为流传，“学好数理化，走遍天下都不怕”，却没听过“学好文史哲，走遍天下都不怕”。但当进入社会，我们会发现人文素养很重要，它影响着一个人的谈吐、修养和气质，甚至有可能影响一个人在社会中的地位。

提到“人文素养”这个词，就不能不提历史这个学科。历史在人类所有文明成果中占有非常重要的地位。在清朝乾隆帝的主持下，纪昀等360多位高官、学者曾经编撰过一部卷帙浩繁的《四库全书》。这部耗费13年时间编成的丛书，共约8亿字，分为经、史、子、集4部，故名为“四库”。其中历史占比之重，可见统治者对它非常重视。如今，历史又是中学阶段的基础学科。

由此，我们会产生一个疑问：为什么要学历史呢？

首先，历史里有智慧。它可以给我们提供大量沧海桑田、兴亡盛衰的资料，当我们在现实中遇到需要解决的难题时，历史会给我们一定的启发，因为史料中可能记载着这个难题的形成原因及以往解决类似问题的思路和方法。要了解人类社会发展的规律，寻求当今社会问题的起因和答案，为未来做出前瞻性的判断，除学习历史别无他途。下面我们用一个历史故事来印证这个观点。

北宋年间，大学者司马光用19年的时间，编成了一部编年体通史巨著。他把这部书呈送给宋神宗，宋神宗阅后，认为该书“鉴于往事，有资于治道”，给这部书赐了一个书名——《资治通鉴》。就是说，这部书虽然记载的是往事，但是对现实有巨大的借鉴意义。

其次，历史是一门非常讲究实证的学科，求真、求实是史家的最高追求。学习历史可以培养我们的探索能力，使我们学会用科学的论证、研究方法去探求历史真相，甚至对一些约定俗成的说法提出质疑。例如，中国历史真的有5000多年吗？夏朝真的存在吗？“烽火戏诸侯”的故事确实发生过吗？诸如此类。

然而，学好历史不是一件容易的事。在日常的学习中，我们经常会有这样的困扰：历史很枯燥，我对它提不起兴趣；历史上发生过很多趣事，但课本上的内容不能让我产生好奇心；学历史要记的东西太多，需要花费大量的时间，可是日常的学习是非常忙碌的……

其实，解决这些问题的关键是两个字：兴趣。我们常说，兴趣是最好的老师。只有对一门学科产生兴趣，你才会投入，才谈得上高效学习，如果总是硬着头皮去做自己不喜欢的事，学自己不感兴趣的内容，学习会变得很痛苦。

在我看来，历史这门学科是很容易让人对它产生兴趣的，因为历史里有很多有趣的人和生动的故事。

例如，在中国近代史上李鸿章就是一个非常有争议的人物，人们对他的评价褒贬不一。有人说他是汉奸、卖国贼，也有人说他是19世纪世界三大政治伟人之一。那么他到底是一个什么样的人呢？为什么人们对他的评价会如此不同呢？我们先要了解他的生平，再对他的历史地位进行探讨，这实际上是一个非常有趣的过程。

还有学生反映：他的记忆力不错，能够把整个章节的知识点背诵下来，但是一旦大考中考到事件对比、综合分析的时候，他的分数就不理想。怎样才能把知识点串联起来形成史观呢？

看得出来，这位同学在历史学习上下了很大的功夫。但是历史学习不仅仅是背诵那么简单，还需要我们掌握其他大量的方法，具备其他相应的能力，而这恰恰就是现在中考、高考的方向。

简单地说，我们在日常学习中积累的历史知识，是我们形成历史思维和提高学科能力的素材。而现在的中考、高考则是检验能力和素养的考试，需要我们运用在平时的学习过程中形成的能力、学科素养和掌握的方法去探索更多历史问题。

所以，学习历史知识，仅靠记忆是不够的，因为记忆只能帮助我们掌握基本的史实，而不能解决其他问题。在学习过程中，我们需要把纷繁复杂的历史发展脉络贯穿起来，梳理出一条清晰的历史线索。只有解决了这个基本问题，才能谈得上后续问题的解决。

这套书会提供一些历史学习的指导方法，比如如何评价历史人物、如何掌握历史事件的发生背景、如何评析重大历史事件的影响等。这套书将用生动的语言讲述和分析一些比较典型的历史事例，并且会提出几个问题作为拓展学习。相信会对打算学好历史的人有所帮助。

赵利剑

前言

秦朝灭亡之后，是楚汉之争，也就是西楚霸王项羽和汉王刘邦为争夺天下而进行的战争，结果刘邦获胜，并在公元前202年建立了西汉王朝。

西汉王朝在建立之初，面临着经济残破、匈奴威胁等严重的内外危机。好在刘邦和他的功臣大将们吸取了秦朝因暴政灭亡的教训，采取“休养生息”政策来统治王朝，先搁置其他问题，集中精力恢复经济。

经过“文景之治”，西汉成了一个经济富庶、国力强盛的王朝，这时，就轮到雄才大略的汉武帝刘彻登场了。他着手处理了汉初很多遗留问题：解决了地方诸侯对中央的威胁；大规模发兵出击匈奴，解除了长期困扰汉朝的北方边患；派张骞出使西域，使汉朝的势力范围和影响力大大扩展，历史上著名的“丝绸之路”随之得以开通。

然而，长期的大规模战争也使民众背上了沉重的负担。西汉末年，大规模的土地兼并和奴婢问题日益严重。汉朝的外戚王莽乘机夺取政权，他试图采用复古改制的办法来解决社会问题，但是惨遭失败，建立的以“新”为国号的王朝也是昙花一现。

公元25年，汉朝的宗室成员刘秀重新把汉朝建立起来，这便是与西汉统称为汉朝的东汉。这个王朝存在着严重的政治问题：宦官和外戚轮流执政，朝局错综复杂，内耗严重，国家面临分崩离析的困境。终于，在东汉末年，王朝出现了豪强割据、分裂战乱的局面。

公元220年，东汉的末代皇帝汉献帝被迫将皇位“禅让”给曹丕。历史就此翻到了新的一页。

西汉和东汉时期在中国历史上最有影响力的因素是什么呢?

第一，这是一个统一的时代。在先秦时期，华夏文明主要集中在中原地区，这一阶段的中国，可称“中原的中国”。

在秦朝完成统一的基础上，汉朝进一步开疆拓土，把汉族（华夏族）居住的主干地区基本都纳入政权的版图之内。随着西北、西南和东南地区被纳入统治范围之内，这一阶段的中国，可称“中国的中国”。随着丝绸之路的开通，中国的文化开始辐射到更大的范围和更遥远的地区。

第二，这是一个奠定了中国传统社会主流思想的时代。战国时期百家争鸣的局面，被秦朝的文化专制打断，儒家思想受到的冲击最为严重。西汉初年，道家思想风靡一时，儒家思想则处于缓慢恢复的状态。然而到了汉武帝时期，时代的变化导致统治者的需求发生了变化，这时的儒家思想，经过董仲舒的阐发，也适应了这种需求，于是出现“罢黜百家，尊崇儒术”的局面，经过改造之后的儒家思想就成了中国传统社会的主流思想。而后来对中国文化产生重要影响的另外两种因素，在本阶段也悄然出现：道教在民间形成，佛教也在这个阶段从印度传入了中国。

三国两晋南北朝时期从公元220年曹丕废掉东汉的末代皇帝汉献帝建立曹魏政权开始，到公元589年隋朝灭掉南方的陈政权完成统一结束，历时将近370年。这个时期上承秦汉，下启隋唐，是中国历史上非常重要的一个阶段，也是非常特殊的一个阶段。无论是其之前的秦汉，还是其之后的隋唐，都是政权线索相对比较简单的时期，叙述起来也比较方便。比如“秦汉”，顾名思义，先有秦朝，之后是汉朝；再如“隋唐”，意味着隋朝之后就是唐朝。而“三国两晋南北朝”则说明这个时期的政治线索和叙述内容是比较复杂的。

这段历史可以再细分成4个小阶段：

第一个阶段是三国时期。公元220年，曹丕废汉献帝之后，刘备和孙权也相继建立了自己的政权，此时中国处于魏、蜀、吴三国鼎立的状态。公元 263 年，魏灭了蜀。后来魏国的权臣司马氏废掉魏的君主，建立了西晋。最终在公元 280 年，西晋灭吴，完成了统一。

第二个阶段是西晋时期。西晋是一个短命的王朝，几乎从王朝建立开始就内乱不断，这严重消耗了政权的实力。所以当周边的少数民族政权兴起、发兵西晋时，西晋完全不能抵御，并于公元 316 年为匈奴政权所灭。

第三个阶段是东晋十六国时期。西晋灭亡的第二年，镇守江南的西晋皇族司马睿建立政权，仍然采用“晋”的国号，史称东晋。东晋从公元 317 年到公元 420 年共存在了 100 多年，与此同时，北方各族先后建立了 15 个政权，连同西南的成汉，史称“十六国”。

第四个阶段是南北朝时期。公元 420 年，东晋大将刘裕废掉东晋的皇帝自立为王，建立了宋政权。此后南方又经历了齐、梁和陈 3 个政权。这 4 个政权被合称为“南朝”。在北方，公元 439 年，鲜卑族建立的北魏完成了局部统一，公元 534 年，北魏分裂成东魏和西魏，后来东魏和西魏又分别被北齐和北周取代。历史上称这 5 个政权为“北朝”。最终，北周灭掉了北齐，重新统一了黄河流域。公元 581 年，外戚杨坚篡权北周，建立了隋朝。公元 589 年，隋朝发兵灭了南方的陈，重新完成了中国的南北大统一。中国历史从此进入隋唐时期。

看完上面的叙述，很多人的第一感觉就是太乱了。这样的混乱是国家长期处于分裂状态引起的，这也是本阶段最突出的历史特点。其之前的秦汉和之后的隋唐，国家真正处于南北统一的时期，都可以看作大一统的时代；而魏晋南北朝时期，除西晋短短的二三十年外，其他时间都处于分裂状态，各政权之间的战争非常频繁，人民大量死亡，秦汉时期黄河中下游高度发达的文明不断受到严重的破坏，民众痛苦不堪。

然而，这个时期也并非漆黑一团。在混乱的背后，这个时期也发生出许多崭新的变化，这为以后中国的发展，特别是后世隋唐的繁荣做了重要的准备。

这些变化主要表现在哪些方面呢?

第一，民族的交融。一些少数民族在这个阶段的政权更替中起了非常重要的作用。比如，灭掉西晋的是匈奴人，建立北魏的是鲜卑人。事实上，从东汉后期开始，一些居住在汉族周边的少数民族，如匈奴族、鲜卑族、羌族等已经开始向中原地区迁移。魏晋南北朝时期，中原处于混乱状态，这些民族纷纷建立了自己的政权。十六国中的大部分政权是由少数民族建立的；而北朝的5个政权，也都带有鲜明的鲜卑族色彩。这些民族在进入中原地区的最初阶段，各民族之间从生产、生活方式到政治制度再到风俗文化都有极大的差异，民族矛盾非常尖锐，经常发生大规模仇杀。但是随着时间的推移，一条历史规律就开始潜移默化地发生作用，这就是马克思所说的“野蛮的征服者总是为那些他们所征服的民族的较高文明所征服”。这些少数民族受汉族比较先进的文化影响，开始使用汉族的语言文字和生产、生活方式，再加上一些比较开明的统治者通过改革的形式来推动民族发展，这些现象促进了民族大交融，对中华民族多元一体的格局产生了重要影响。

第二，江南经济的迅速发展。在魏晋南北朝之前，中国的经济重心始终在北方黄河流域，而江南地区是地广人稀、经济落后的区域。司马迁在《史记》中说，江南地区潮湿多雨，人的寿命很短，还采用“刀耕火种”的原始耕作方式，人烟稀少。后来由于北方多战乱，南方相对比较安定，所以从东汉末年开始，大量的北方居民向南方迁移，他们为当地带去了先进的生产技术，也补充了劳动力。从东晋开始，北方汉族政权的政治中心也转移到了江南，这样一来，当地的经济很快得到了发展。自此，南方经济不断发展，逐渐代替北方成为中国新的经济重心。

第三，文化格局的变化。我们到中国各地旅游，参观一些历史文化古迹，会发现佛教文化所占的比重非常大，如佛寺、佛像、佛窟等。然而，佛教并不是中国土生土长的宗教，而是舶来品。这种创立于南亚的宗教最初是在汉代传入中原的，到了魏晋南北朝时期，佛教在中国迎来了第一个兴盛期，上至王公贵族，下至黎民百姓，均崇拜佛教，佛教信徒越来越多。从汉武帝“罢黜百家，尊崇儒术”开始，中国文化处于儒家一家独大的局面，佛教的兴盛则改变了这种文化格局，逐渐形成儒、佛、道三教并行的态势，佛教成为中国文化中不可或缺的组成部分。

隋唐时期，从公元581年隋朝建立开始到公元907年唐朝灭亡，历时326年。

提起“隋唐”这个阶段，人们的第一反应是什么呢？很多人会想到“强盛”这两个字，直至今天，我们还能看到很多那个“强盛”时代的烙印。比如语文课本中的唐诗占据了很大篇幅，而且很多诗需要背诵；我们今天的传统服装就被称为“唐装”，虽然从样式来说已经和真正的唐朝服装没有关系。还有，今天华人已经散居在世界上各个国家和地区，那些海外华人聚居的地区，英语叫“china town”，中文一般称其为“唐人街”。可是中国历史上有那么多朝代，为什么不叫“宋人街”“明人街”“清人街”呢？这说明了唐朝在海外的知名度。

虽然“隋”和“唐”并称，但是上面所列举的这个阶段对后代的影响，都是唐朝的，而往往没有人提隋朝。的确，在这个阶段中，隋朝所占的比重很小，从建立到灭亡，一共才38年的时间。但是现在来看，隋朝很可能是一个被严重低估了的朝代。在隋朝所存在的短暂时间里，它对中国历史所产生的影响是极其重要的。首先，东晋十六国和南北朝时期长达270多年的分裂局面是隋朝结束的，而且它所完成的统一又持续了300多年。在这段时间里，隋朝的经济呈井喷式发展，积累了令人惊叹的财富，这为唐朝的繁盛奠定了坚实的基础。而且，唐朝后来所采用的一些重要制度，比如三省六部制、科举制等，也都是隋朝所开创的。

其实，隋朝的历史特征与秦朝非常相似，这两个朝代都结束了长期的分裂局面，完成了国家的统一；都开创了一些重要的制度，并被后面的朝代所沿用，比如秦朝的皇帝制、郡县制，隋朝的三省六部制和科举制；都留下了至少一处伟大的工程，比如秦朝的万里长城，隋朝的大运河；连存在的世系都惊人的相似——二世而亡，灭亡的方式也一样：被大规模的农民起义所推翻，从而给后面的朝代留下了深刻的教训。

有隋朝打下的基础，唐朝的强盛也在情理之中。再者唐朝出现了几位很有作为的皇帝，比如唐太宗李世民、唐玄宗李隆基，包括中国历史上唯一的女皇帝武则天，所以唐朝连续出现了“贞观之治”和“开元盛世”，特别是玄宗时期的“开元盛世”，不仅是唐朝的巅峰时期，也被看作中国古代历史的最高峰。

其实，中国历史上所谓的“盛世”和“治世”很多，比如西汉的“文景之治”、南朝的“元嘉之治”。这些“治世”或者“盛世”有一些共同的特点：政治比较清明，经济发达，人民生活比较安定等。那么唐朝的强盛和繁荣有什么特点呢？

唐朝最大的特点是“开放”。唐朝对自己的国家和文化有一种高度的自信，所以他们敞开国门，对于异族的文化，无论是少数民族的，还是外国的，都奉行非常开明的“拿来主义”，只要能为我所用，绝不保守和封闭。在这个阶段，我们既可以看到国人走出国门对外部世界和文化的主动探求，如玄奘西游、鉴真东渡，也可以看到外国人进入国门向唐朝学习取经，如日本的遣唐使。所以，唐文化呈现出多姿多彩、丰富绚烂的特点。中外文化在这个平台上进行频繁的交流，中国的文化对周边国家，比如朝鲜、日本等地产生了深远的影响，今天我们在这些地区还能看到唐文化的印记。如果说秦汉时期的中国是“中国的中国”，那么这一时期的中国就是典型的“东亚的中国”。也就是说，这个时期形成了一个以唐朝为中心的“东亚文化圈”，唐文化的辐射作用非常明显。毫不夸张地说，唐朝，特别是它的都城长安，是东亚的经济文化交流中心。所以，唐朝的繁盛是一种多方面的繁盛，而不仅仅是前面列举的现象，还包括非常发达的民族交往和中外交流。其实，如果从某一个特定的方面来说，唐朝并没有达到中国古代历史的最高峰，比如经济，特别是商品经济的发达程度，后来的宋朝就大大超过了唐朝。那为什么提起中国古代的盛世，人们自然而然地想起唐朝呢？因为唐朝是“全能冠军”，而不是“单项冠军”。

然而，唐朝也没有走出盛极而衰的历史周期律。公元755年，安史之乱爆发。8年的战乱结束后，唐朝“从天上掉到地下”，长期积累的问题全面爆发：唐朝出现了严重的地方割据，中央产生了中国历史上最严重的宦官专权现象，士大夫内部有激烈的朋党之争，还要应付外族的威胁。唐朝的皇帝几度被迫从长安仓皇出逃。后来，唐朝发生了一次全国规模的起义——黄巢起义，这给了唐王朝致命的一击。公元907年，唐王朝寿终正寝，中国历史进入了五代十国的乱世。

公元907年唐朝灭亡后，接下来又是一个乱世——五代十国时期。在唐朝灭亡之后的几十年中，黄河流域先后经历了后梁、后唐、后晋、后汉、后周5个政权，史称“五代”；同时，南方和北方的山西地区也先后出现10个割据政权，史称“十国”。

这些政权的建立者大都是唐朝末年的武将，他们凭借自己掌握的军队称王称帝，使中国陷入分裂割据的局面。所以，五代十国实际上是唐朝后期藩镇割据局面的继续和扩大，中国又回到了一个类似东晋十六国和南北朝时期的分裂战乱阶段。此时军阀专政，吏治极坏；各割据政权之间混战不休，人民生活极为困苦。不过，当时南北方的情况不尽相同。北方尽管政权较少，但是每次政权更替都以战争方式完成，平均10年左右就有一次大规模的战争；而南方尽管割据政权比较多，但是大都国小力弱，无力完成统一，彼此反倒相安无事。所以南方的战乱比较少，相对于北方来说要安定得多。

目录

目录

第一章 刘邦打败项羽，赢在哪里

这是中国历史上又一幕惊心动魄的大戏，其间发生了很多家喻户晓的故事，如鸿门宴、约法三章、暗度陈仓、背水一战、楚河汉界、四面楚歌、霸王别姬……

敲黑板

· 西汉建立的过程
· 刘邦战胜项羽的原因

秦朝灭亡之后，接下来发生的就是著名的楚汉之争，也就是西楚霸王项羽和汉王刘邦两个集团争夺天下的一场大规模战争。

这是中国历史上又一幕惊心动魄的大戏，其间发生了很多家喻户晓的故事，如鸿门宴、约法三章、暗度陈仓、背水一战、楚河汉界、四面楚歌、霸王别姬等。

项羽虽在巨鹿之战中消灭了秦军主力，但刘邦抢占先机，率先进入咸阳，推翻了秦朝。因此，项羽感到异常愤怒，率领 40 万大军破函谷关而入。

当时刘邦手下兵力仅 10 万，明显寡不敌众，只好向项羽服软，表示接受项羽的统治，著名的历史故事——“鸿门宴”也由此而来。项羽随后重新划分天下，一共封了 18 位诸侯，而项羽本人更是自封“西楚霸王”，定都彭城（今江苏徐州市），俨然天下霸主。

但是项羽建立的秩序很快出现了问题。很多参与推翻秦朝战争的地方诸侯和将领并没有受到分封，他们对项羽极为不满。所以，项羽在彭城没过几天太平日子，山东等地就出现了动乱，项羽被迫率军去平定动乱。这使得他的大本营彭城空虚，也给了刘邦“钻空子”的机会。

刘邦被项羽封为汉王，分封在偏僻的巴蜀（今四川）和汉中一带。刘邦知道项羽对自己不放心，想削弱自己的力量，所以为了迷惑项羽，刘邦在去汉中的途中把汉中和外界连接的栈道尽数烧毁，表明自己无意和项羽争夺天下。

但实际上刘邦一直在暗中积蓄力量。当刘邦看到各地连续发生动乱，项羽顾此失彼时，他明白时机已到。刘邦采用韩信的计谋“明修栈道，暗度陈仓”，从今天陕西宝鸡一带出兵占领了关中地区，随后以此为根据地，率领各路反对项羽的诸侯联军 56 万，一举占领了彭城。

刘邦原觉得胜券在握，大局已定，但没想到项羽率领 3 万精兵从山东迅速回师反击。汉军大败，折损了约 20 万人，尸体把附近的濉（suī）水都堵塞了。刘邦的家室都被楚军俘获，他自己则侥幸逃脱。

经过这一战，刘邦发现项羽实力雄厚，用兵如神，所以不能和他硬碰硬。于是刘邦改变战略，率军和项羽在成皋（gāo）（今河南荥阳市西北）、荥（xíng）阳（今河南荥阳市东北）一带对峙，两军进入相持阶段。同时，刘邦派大将韩信率军深入项羽后方，先后平定了今天河北、山东地区，双方的实力就此发生了变化。

公元前 202 年，汉军和楚军在垓（gāi）下（今河南鹿邑县东，一说安徽灵璧县南）决战，发生了“四面楚歌”“霸王别姬”

等一系列故事。最终，项羽在乌江自刎而死。同年，刘邦称帝，定都长安（今陕西西安市），史称西汉。

泗（sì）水亭长出身、长于市井的刘邦是如何在强弱悬殊的情况下，一步步转弱为强，打败项羽的呢？

其实，刘邦出身于社会底层这个特点，恰恰帮了他很大的忙。底层出身使他对民间疾苦体会得更直接、更深刻，他知道老百姓最想要什么，这十分利于他笼络民心。例如，刘邦知道民众对秦朝严苛又烦琐的法律非常厌恶，所以他推翻秦朝之后，便简化秦朝苛法，和关中地区的百姓“约法三章”——“杀人者死，伤人及盗抵罪”，即杀人者处死，伤人者和盗窃者施以与其罪行相应的处罚。同时，刘邦还命令手下和原秦朝地方官发布告示，称一切维持原状，民众可以照旧生活。这些举措大得人心，对于秦朝百姓来说，秦朝那些严酷的法律被废除了；对于秦人来说，由于秦在灭六国的时候杀戮太多，所以秦人和东方六国民众结下了很深的仇怨，特别怕遭到报复，刘邦的举措保护了秦人。人们发现刘邦是一个宽厚仁慈的人，所以都拥护他，希望他能称王。

然而项羽的情况正好相反，他对秦人充满了报复心理。巨鹿之战以后，陆续投降项羽的秦军有 20 多万人，而项羽怕这些人反叛，加之复仇心切，在新安（今河南渑池）把他们全部坑杀。有人说这是项羽最大的政治失误。

项羽进入咸阳之后，杀死投降的秦王子婴，抢夺珠宝美女，还把秦朝的宫殿通通烧毁。项羽用当初秦灭六国的手法来对付秦，这不仅引起秦人的惶恐不安，也在民众心中留下了残暴的印象。

秦朝大本营——关中，在当时是至关重要的地区。所谓关中，就是今天函谷关以西一带，这片区域在战略上进可攻退可守，而

项羽杀死秦王子婴，烧毁秦宫殿

且物产丰富，是当时中国的经济重心所在。

司马迁在《史记·货殖列传》中评论道："这个地方的面积占全国的三分之一，人口不到天下的十分之三，但是财富却占天下的十分之六。"毫不夸张地说，得关中者得天下。

刘邦对这个地方极为重视，他从汉中发动反攻时，首先占领了关中地区。后来他在东部和项羽激战，一直以关中为根据地。刘邦的助手萧何坐镇关中，向前线源源不断地输送物

白捡的知识

《史记·项羽本纪》的记载

《史记·项羽本纪》记载："项王欲自王，先王诸将相。谓曰：'天下初发难时，假立诸侯后以伐秦。然身被坚执锐首事，暴露于野三年，灭秦定天下者，皆将相诸君与籍之力也。义帝虽无功，故当分其地而王之。'诸将皆曰：'善。'乃分天下，立诸将为侯王。"

谁给我分地，我给谁天下

根据《史记·高祖本纪》，汉高祖和大臣在讨论战胜项羽原因时，大臣奏对道："陛下慢而侮人，项羽仁而爱人。然陛下使人攻城略地，所降下者因以予之，与天下同利也。项羽妒贤嫉能，有功者害之，贤者疑之，战胜而不予人功，得地而不予人利，此所以失天下也。"

资和兵员。

其实项羽也曾有机会以关中为基地。虽然刘邦最早入关中，但项羽随后而至，刘邦无力与其抗衡，只得老老实实地把关中让给了项羽。然而，尽管当时有人劝项羽以关中为基地，以图霸业，但项羽一来因为秦朝的宫殿都被他烧毁了，二来因为思乡心切，就说："一个人如果富贵之后不回故乡，就像穿着一件华美的衣服在夜里行走，谁能知道呢？"于是项羽回到了彭城。和刘邦比起来，项羽是缺乏战略眼光的。

但打起仗来，项羽却是位猛将，他不仅用兵凶狠，其人也骁勇善战，经常身先士卒。楚汉两军在广武（今河南荥阳市东北）对垒时，楚军曾连续 3 次派勇士向汉军挑战，3 个勇士都被汉军中的 1 个神箭手射死。项羽勃然大怒，亲自披甲上马，手持长戟（jǐ）前去挑战。那个神箭手看到项羽怒目圆睁、杀气腾腾，吓得顾不上射箭，连忙躲回营垒，不敢出战。

刘邦听说项羽亲自来挑战，也十分惊恐。项羽曾在阵前对刘邦说："咱们两个人闹得天下不安，不如咱俩单打独斗，一决雌雄，胜者为王，免得天下人痛苦。"刘邦知道自己不如项羽勇武，所以刘邦笑着说："我愿意斗智，不愿意斗力。"他是懂得扬长避短的。

项羽虽勇武但不能统筹大局，而且手下缺乏能独当一面的大将，因此经常在各个战场之间充当"救火队"的角色，疲于奔命。反之，刘邦的手下则人才济济。

刘邦得了天下以后，在一次宫廷宴会上问手下的大臣和将领："你们说我为什么能得天下，项羽为什么丢掉了天下？"大家说了很多理由。但刘邦说："你们只知其一不知其二。运筹帷幄之中，决胜千里之外，我不如张良；守卫国家，安抚百姓，供给粮饷，我不如萧何；率领百万大军，战必胜，攻必取，我不如韩信。这3位人杰能为我所用，就是我能得天下的原因。而项羽只有一个范增，还不重用他，所以失败了。”对于这一点，他手下的功臣大将们也不否认。

刘邦晚年曾问韩信：“你说我能带多少兵？”韩信说：“陛下带兵不过10万。”刘邦问韩信：“你能带多少？”韩信说：“多多益善。”刘邦又追问，韩信便说道：“陛下不能带兵，但是善于带将。”

由此可见，刘邦虽然不如项羽骁勇，但是在知人善任方面远胜于他。刘邦善于把正确的人放在正确的位置上，是帅才。

思维导图

刘邦打败项羽，赢在哪里

西汉建立的过程

项羽在巨鹿之战中消灭了秦军主力，但刘邦率先进入咸阳，推翻了秦朝统治→项羽率领40万大军破函谷关，刘邦接受项羽统治，项羽自封“西楚霸王”，定都彭城→项羽离开彭城平定动乱，刘邦“明修栈道，暗度陈仓”占领彭城→刘邦和项羽在成皋、荥阳一带对峙，两军进入相持阶段→公元前202年，两军在垓下决战，项羽自刎乌江，刘邦称帝，定都长安，建立西汉

刘邦战胜项羽的原因

刘邦：

出身于社会底层，了解民间疾苦，善于笼络民心；废除秦朝严苛律法，减少杀戮，让百姓生活状态稳定；占领关中；任用能人良将，手下人才济济

项羽：

对秦人充满了报复心理，坑杀秦朝降军；杀死投降的秦王子婴，烧毁秦宫殿，引起民众惶恐不安，给人残暴的印象；有勇无谋，手下缺乏能独当一面的大将

发散思考

刘邦能战胜项羽有很多因素，你还了解哪些呢？

你认为最重要的因素是什么呢？

第二章

道家思想为何成为汉初的主流统治思想

○西汉初年最严重的问题是经济衰败，民生凋敝。当时最能满足百姓需求的就是道家学派的主张，他们提倡『清静无为』，主张统治者尽量减少大规模的政治、军事举措，减少对民众生产生活的人为干扰，让百姓自行安定，休养生息。于是，道家思想成为汉初的指导思想。

敲黑板

· 无为而治
· 文景之治

为了统治需要，中国古代各个时期官方都尝试塑造主流意识形态。例如，秦朝推崇法家思想，汉武帝时“罢黜（chù）百家，尊崇儒术”。那么，西汉初年的主流意识形态是什么呢？

我们从成语“萧规曹随”的典故说起。这里的“萧”就是大名鼎鼎的西汉开国丞相萧何，“曹”则指他的继任者曹参（cān），也就是这个故事的主角。

曹参是西汉的开国元勋之一。他早年不过是一个管理监狱的小吏，只算得上粗通文墨。汉朝建立后，曹参先是做了齐国的丞相，辅佐齐王，当这治国的千斤重担压在他肩上时，曹参是“满头官司”。于是他召集很多国中德高望重的人一同商议，但是来的人大都是儒生，大家各持己见，莫衷一是，把曹参吵得头疼。

后来有人向他推荐一个叫盖公的人，曹参便花重金把盖公请来。盖公是道家信徒，他向曹参提议“治道贵清静而民自定”，意思是治国之术贵在清静无为，让百姓自行安定。因为曹参本身长于军旅而短于治国，所以这个建议正合曹参的胃口，他正好顺水推舟。在曹参任齐国丞相的 9 年间，齐国安定，大家都称赞他是贤相。

后来西汉开国丞相萧何去世，正在齐国担任丞相的曹参被举荐，继任丞相位。曹参任职后，其执政风格依然没有变化。他任用的官员都是敦厚的长者，那些投机钻营的人都被他罢斥了。

曹参日日饮酒，有些卿大夫认为他不务正业，前来劝说他。而对这些人，曹参一概酒宴款待，当发现他们有话要说时，曹参立刻以劝酒为借口搪塞过去，直到把他们灌醉为止。所以时间一长，大家都不敢来劝说了。

刚继位不久的汉惠帝对曹参的做法也不满意，觉得丞相职责有失，于是命曹参的儿子曹窋（zhú）劝谏曹参。曹窋回家传话，却把曹参惹火了。曹参打了儿子一顿，并对他说："国家大事，你懂什么？"

上朝时，汉惠帝发现曹窋挨打，便在一次朝会上质问曹参。而曹参直言不讳地问汉惠帝："陛下，您觉得自己和高皇帝（刘邦）比，如何？"汉惠帝回答道："我怎么敢自比高皇帝？"曹参又问："那您觉得，我和开国丞相萧何比，如何？"汉惠帝说："你好像不如萧何。"曹参说："是的，您说得对。那高皇帝和萧何制定的律法，我们难道不应该照做吗？"汉惠帝想了想，认为曹参说得很有道理。

曹参任丞相 3 年，对于上一任丞相萧何制定的法律制度，他一概遵循，无所变更。这就是成语"萧规曹随"的由来。

从这个故事中可以看出西汉初年统治者的指导思想就是主张"清静无为"的道家思想。无论是盖公给曹参的建议，还是曹参的执政风格，都清楚地体现出道家学派的特点。

这似乎有些奇怪。一般来说，统治者都是希望“有为”的，所谓“一朝权在手，便把令来行”，而西汉初年统治者却主张“清静无为”，这岂不是自束手脚吗？

事实上，无论是当权者的执政思路，还是整个社会的价值观念，都是基于社会需要形成的。那么西汉初年的社会状况如何呢？当时最迫切的社会需求是什么呢？

《汉书》里有这样一段记载：“西汉初年，由于多年战乱，百姓流离失所，连年饥荒，物价飞涨，甚至出现了‘人吃人’‘卖儿卖女’的现象，这使得人口锐减。尽管后来天下安定了，但人民没有任何积蓄，就连王侯将相都捉襟见肘。依照礼制，皇帝出行需用4匹毛色相同的马拉车，这被称作‘醇（chún）驷’，可是汉高祖刘邦竟然在全国都找不出4匹毛色相同的马，无奈破坏礼制，选用杂色马出行，而他的将相有些只能用牛车做代步工具。”

这段记载说明，西汉初年最严重的问题是经济衰败，民生凋敝。这是涉及社会安定、政权存亡的大问题，亟待解决。

当时最能满足百姓需求的就是道家学派的主张。道家提倡“清静无为”，主张统治者尽量减少大规模的政治、军事举措，减少对民众生产生活的人为干扰，让百姓自行安定，休养生息。这也正符合当时统治者的需求和意愿。

所以，道家思想成为汉初的指导思想就不足为怪了。基于道家思想，西汉统治者也制定了相应的政策——休养生息。

从汉高祖刘邦开始，西汉便减轻赋税、复员兵士、安置流亡人口，使人民休养生息，恢复社会生产。后来汉文帝、汉景帝都继续采取这些政策，并将其发扬光大。

以汉文帝为例。汉文帝非常重视发展农业，多次下诏称“农，天下之本”，且他本人的生活极为节俭，执政 20 多年，几乎没有增加服饰、园林、宫殿等，但凡某些举措为百姓带来不便，他便予以废止。

汉文帝曾经打算建造一座高台，但召来工匠计算所需费用后，发现需要耗费上百斤黄金。于是汉文帝说：“百斤黄金相当于十户中等人家的产业，而我居于先帝留下来的宫室，时常担心有辱于先帝，还建造高台干什么呢？”汉文帝平时穿的衣服质地粗厚，即使是对自己十分宠爱的慎夫人，也不准她穿长到拖地的衣服，且要求宫殿所用的帏帐不能用彩色花纹绣饰，以此为天下人做出节俭朴素的榜样。汉文帝还规定，他去世后，丧祭活动一切从简，且不可烦扰百姓。

汉文帝还有一项德政值得一提，那就是减轻刑罚。西汉初年，法律受秦朝影响，肉刑极多，残忍至极。

齐国一个叫淳于意的官员犯了罪，要被押解到长安去受刑。淳于意只有 5 个女儿，没有儿子，临行时，向女儿们抱怨道：“生了女儿在紧急时刻毫无用处！”他的小女儿缇（tí）萦（yíng）极为伤心，便跟随父亲来到长安，并向朝廷上书说：“我的父亲触犯法律，应当受刑。但是受了死刑的人不能再活过来，受了肉刑的人也无法续接残肢，这样即使想改过自新，也没有办法了，所以我愿意被收入官府为婢，以抵消父亲应受之刑，使他能获得一次改过自新的机会。”上书被送到汉文帝那里，汉文帝怜悯她的孝心，也觉得肉刑不合理，于是下令废除肉刑，并用其他的方式取代。

这些措施一直被推行了六七十年，使得社会逐渐安定，经济

缇萦救父

得以恢复，人民生活水平不断提高。这个时期在历史上被称为“文景之治”。

据史书记载，到汉武帝时，国家经济雄厚，人民生活富足。长安国库里的铜钱数不胜数，穿铜钱的绳子都朽烂了；仓库中新粮压陈粮，粮食多到露天堆放，有的甚至因存放过久已经霉烂；大街小巷骑马之人随处可见。由此看来，汉初以“道家思想”为指导的休养生息政策效果显著。

思维导图

道家思想为何成为汉初的主流统治思想

- 原因
  - **西汉初年社会状况：**
    经济衰败，民生凋敝
- 道家思想主张
  - 清静无为
- 西汉初期政策
  - **休养生息：**
    减轻赋税、复员兵士、安置流亡人口，使人民休养生息，恢复社会生产
  - **文景之治：**
    汉文帝、汉景帝时延续“休养生息”政策，并将其发扬光大，开创“文景之治”

发散思考

道家思想固然符合西汉初年的社会现实，对社会稳定和经济恢复起到了重要作用，那么长期推行这种思想是否可行？如果长期推行道家思想，有哪些弊端？

第三章 西汉『推恩令』有什么效果

○汉初时诸侯的力量都不大，容易被控制。逐渐地，诸侯势力越来越强，有的竟然控制几十个城，势力范围方圆千里。天下太平时他们骄奢淫逸，形势危急时他们就会联合起来反叛。于是汉武帝推行『推恩令』，把大封国分成很多小封国。这样，诸侯国实际上已经自行解体，它们就没有力量和中央对抗了。

敲黑板

· 郡国并行制与王国问题

· 西汉初年削弱王国势力的措施

有一种观点认为：道家“无为而治”的政治主张虽然有利于汉初经济的恢复，但对于原有的一些社会问题却无能为力。在推行休养生息政策时，经济固然在发展，但社会问题也在加剧，而随着国力的充实，这些问题也就必须加以解决了，如“王国问题”。

有一个词叫“汉承秦制”，意思是汉朝的一些基本制度是仿效秦朝的，比如皇帝制度、三公九卿制度。但它并不是彻底照搬，而是在秦朝的基础上有所调整。

秦朝的地方行政制度是单一的郡县制，而汉初实行的是一种双轨制——郡国并行制。也就是说，在某些地区设置由中央直接管辖的郡县，在其他地区则恢复分封制，设置封国，由诸侯来管辖。

秦朝已经全面废除了分封制，为什么汉朝还要恢复一部分分封制呢？

其实，汉朝的分封制，可以分为两个阶段。

在汉朝初建的时候，刘邦分封了 7 个异姓王，其中最早得到诸侯王称号的是战功赫赫的韩信。

这其中还有一个有趣的小故事。韩信率军平定了齐地之后，派人请示刘邦，说齐这个地方的人反复多变，必须立个王才能镇得住他们，请刘邦立他为假齐王。这个请求明显带有试探的性质。刘邦当时正在荥阳和项羽苦战，看到韩信的书信，勃然大怒，说：“我在这里受困于项羽，天天盼着你来救援，结果你居然想自立为王！”这时候在他身旁的张良和陈平就赶紧在桌子下边踩刘邦的脚，又趴到刘邦耳边说：“韩信现在手握重兵，他就是自立为王，您也奈何他不得。不如做个顺水人情，否则他对您不满，可能会发生变故。”

刘邦立刻明白了，但是话已说出口，无法收回了，就顺着话头说：“大丈夫受封为诸侯，要做王就做真王，做什么假王！”于是刘邦立韩信为齐王。西汉建立之后，刘邦又把韩信改封为楚王。

刘邦所分封的异姓王主要是他手下的那批功臣大将，封他们做王主要是为了拉拢他们，也明显带有论功行赏的意思。但是刘邦对他们非常不放心，因为这些人个个勇冠三军，不好控制，如果他们联合起来，刘邦就会非常被动。西汉初年，中央政府直辖领地有 24 个郡，而这 7 个异姓王诸侯国加起来就已大致与前者相当。所以刘邦后来寻找机会和借口，一个个地解决这些异姓王。公元前 195 年刘邦去世之前，这些异姓王基本都被他消灭了。

旧的问题解决了，新的问题又显现出来了。

刘邦解决了淮南王英布的反叛后，在回长安途中，路过故乡沛县，于此停留下来。他在沛宫置备酒席，召集乡中父老开怀畅饮，席间刘邦唱起《大风歌》：“大风起兮云飞扬，威加海内兮归故乡，安得猛士兮守四方！”

诗歌前两句是刘邦衣锦还乡时志得意满的写照，但最后一句“安得猛士兮守四方”则体现了他的隐忧：如此辽阔广大的国土，他到哪里去寻觅众多的勇士替他镇守呢？

刘邦非常怕重蹈秦朝的覆辙，所以很注意吸取秦朝灭亡的教训。他认为秦朝迅速崩溃的主要原因之一是没有同姓王国保卫中央政权。他思来想去，觉得还是刘家人靠得住。

于是，在消灭了异姓王之后，刘邦又分封同姓王来保卫刘家的天下。他一共封了 9 个同姓王，被分封的都是他的兄弟和子侄。这些王国虽然在原则上仍受中央政府节制，但是地位相对独立，而且仍然拥有比较强的实力，他们的领土面积加在一起仍然占全国疆域的一半以上。

刘邦去世后，汉朝政府继续推行休养生息政策，王国的力量也在迅速发展，而中央对王国的控制却渐渐出现了问题。

汉文帝即位之初，就有两个王国反叛，其他诸王也跃跃欲试，如吴王刘濞（bì）。刘濞是刘邦的侄子，早年跟随刘邦立下战功，被封为吴王，势力强大，管辖 50 多个城。

刘濞既有野心，又对中央朝廷有私怨。他的儿子刘贤去长安朝觐（jìn）的时候，和汉文帝的太子，即后来的汉景帝刘启发生争执，刘启失手把刘贤打死了。等到刘贤的尸体被送回吴国的时候，属下向刘濞禀报此事，刘濞愤怒地说：“刘姓同宗，死在长安就葬在长安，不必归葬于吴地！”于是来者又把刘贤的尸体送回长安埋葬，刘濞从此称病不朝，同时加紧积累财富，训练军队。

封国势力的强大被政论家贾谊看在眼里，他在《治安策》里说，现在天下的形势，就像一个得了水肿病的人一样，腿肿得像腰那样粗，手指肿得像腿那样粗。这话的意思就是封国对中央的威胁太大了。后来，果然在汉景帝的时候出了大乱子。

汉景帝即位以后，御史大夫晁（cháo）错为了解决封国的威胁，提出了削藩的建议，即把原属于各封国的土地收归中央管辖，削弱封国的势力。

他对汉景帝说得很明白：现在你削弱封国，他们会造反，你不削弱封国，他们一样会反；现在削弱他们，他们马上就会反，祸小，不削弱他们，等到他们羽翼丰满了再造反，祸事就大了。汉景帝立刻采取措施，先削夺了 3 个小国的封地。不久，汉景帝下令削夺刘濞的会稽和豫章两郡。诏令到达后，刘濞联合其他诸侯起事，打出“诛晁错，清君侧”的旗号。这次叛乱共有 7 个封国参加，史称“七国之乱”。

七国叛乱，声势浩大，半壁河山几乎都陷落了。汉景帝没想到事态会演变得如此严重，也后悔自己操之过急，就杀掉了晁错，以求息事宁人。

晁错已死，但诸王仍不罢兵，汉景帝最终决定平叛。他非常明智地任命了名将周亚夫为统帅。周亚夫仅用两个月的时间就切断了叛军的粮道，叛军被迫撤退之际，他率军追杀。结果，气势汹汹的七国之乱，仅仅历时 3 个月就被平定了。乘着胜利的余威，汉景帝把各封国的行政权、官吏任免权等都逐渐收回中央，诸侯王的势力被大大削弱了。

汉景帝之后，就轮到雄心勃勃的汉武帝刘彻登场了。汉武帝要解决的一个重要问题就是匈奴的威胁，所以他后来连年对匈奴大规模用兵。但在此之前，他必须先稳定国内形势，防止“七国之乱”再现。

和晁错的“削藩”相比，汉武帝采用的是另一种思路。这种思路贾谊曾经提过，叫“众建诸侯而少其力”，即在原有诸侯国的基础上建立更多的诸侯国，以此来分散各诸侯王的力量。

无独有偶，汉武帝的大臣主父偃（yǎn）也出了类似的主意。主父偃上书说：“古代诸侯的力量都不大，容易被控制。现在的诸侯有的竟然控制几十个城，势力范围方圆千里，天下太平时他们骄奢淫逸，形势危急时他们就会联合起来反叛。之前采用晁错的办法，强行削夺他们的封地，激化矛盾，引起他们反叛。现在的诸侯死后都是由嫡长子来继承，其他子弟都得不到封地，那么皇帝的仁爱孝亲之道就得不到显示。希望陛下命令推广恩德，让其他的诸侯子弟可以从原来的封国中获得土地，建立新封国，这样不必削减他们的封地，就可以削弱他们的势力。”汉武帝觉得这是一个好主意，因为一个大封国分出很多小封国，大封国就不大了，小封国则更小，它们都没有力量和中央对抗。这样，诸侯国实际上已经自行解体了。

此后，汉武帝又颁布了“左官律”等一系列条文，诸侯只能享受租税俸禄，不能参与政事，其实已经和一个普通的富翁没有区别了。稳定了后方，汉武帝就可以放心大胆地去解决匈奴问题了。

思维导图

西汉“推恩令”有什么效果

- **汉初的分封制**
  - 汉朝建立之初，刘邦为拉拢、奖励那些一起打江山的功臣大将，分封了7个异性王；后因害怕他们不好控制，又把异性王都消灭了
  - 消灭异性王后，刘邦分封9个同姓王
- **七国之乱**
  - 汉景帝在位期间，御史大夫晁错提议削藩，刘濞联合其他6个封国的诸侯起事；汉景帝为平息叛乱，杀掉晁错，派周亚夫平定叛乱，并趁机削弱诸侯势力
- **汉武帝实行“推恩令”**
  - 把一个大封国分出很多小封国，使大封国不大了，小封国又小，都没有力量与中央对抗，诸侯国实际上已经自行解体

发散思考

除了“推恩令”外，西汉还推行了哪些政策削弱诸侯国势力呢？

第四章 西汉与匈奴的和战

○秦朝末年，天下大乱，分裂动荡的社会环境给了匈奴以可乘之机。而且，这时匈奴中出现了一位极为能干的统治者——冒顿单于。他掌握了政权之后，迅猛扩张自己的势力，武力空前强盛。汉初，高祖刘邦对匈奴作战遭遇白登之围；汉文帝和汉景帝时，汉朝对匈奴也只能听之任之；直到汉武帝时，匈奴对汉朝边境的威胁才得以基本解除。其中经过，请看本章。

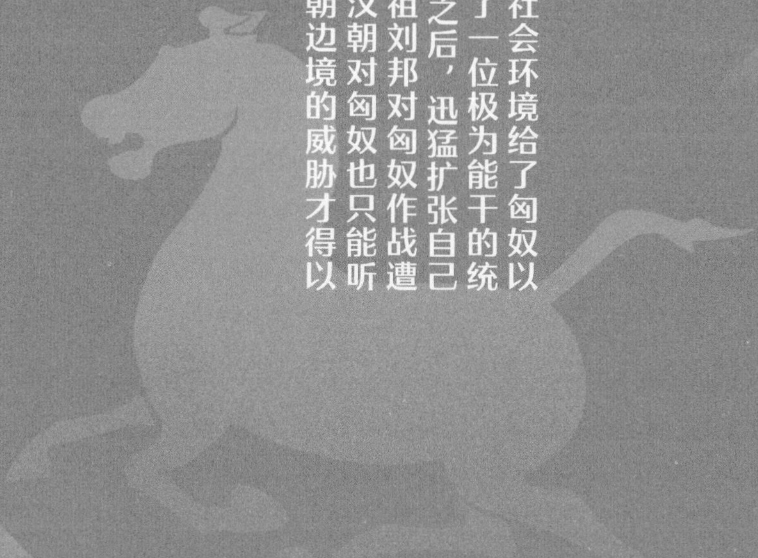

西汉为解决封国问题而采取的重要措施中，效果最好的就是汉武帝颁布的“推恩令”。“推恩令”的推行解除了封国对中央的威胁，使西汉国内的局势更加稳定。如此一来，汉武帝便得以腾出手来解决另外一个更加严重的问题——匈奴的威胁。

匈奴是我国古代北方的古老民族，长期在蒙古高原一带过游牧生活。他们没有固定的居所，随水草迁移，游牧打猎，是一个典型的马背上的民族。匈奴男子从小就会骑马射箭，成年之后几乎人人都是勇猛的武士。水草丰美、猎物充足的时候，匈奴以游牧为生；一旦发生自然灾害，水草枯竭，他们往往劫掠周边地区。战国时期，匈奴就已经对北方的几个诸侯国构成极大威胁，并且占领了河套地区（今内蒙古和宁夏交界处的贺兰山以东，狼山和大青山以南黄河流经地区），迫使秦、赵、燕等国筑长城自卫。秦灭六国以后，秦始皇曾经派大将蒙恬率领 30 万大军出击匈奴，夺回河套地区，并且修筑了一道西起临洮（táo）（今甘肃岷县）、东到辽东的万里长城。

然而，匈奴的威胁只是暂时解除了。秦朝末年，天下大乱，分裂动荡的社会环境给了匈奴以可乘之机。而且，这时匈奴中出现了一位极为狠辣的统治者——冒顿（mòdú）单于（chányú）（匈奴王称单于）。他掌握政权之后，迅猛扩张自己的势力，向东征服了东方的东胡族，向西赶走了大月氏（zhī），向南重新占领了河套地区。这时匈奴的控制范围北达贝加尔湖，西抵祁连山、天山一线，南和汉朝的北部地区（即今陕西、山西、河北等地）接壤，东至辽河流域，武力空前强盛。

匈奴不断侵扰汉朝北部边境地区，劫夺财物和牲畜，还强迫当地百姓做匈奴贵族的奴婢，对当地人民的生命财产和汉朝的安全构成了严重威胁。

汉朝初年，朝廷尽管经济残破，国力衰弱，但也曾尝试武力抗击匈奴。公元前 201 年，冒顿单于带兵长驱直入，围攻晋阳（今山西太原市）。第二年，汉高祖刘邦御驾亲征，率领 32 万大军迎战。冒顿单于把精锐部队隐蔽起来，用老弱残兵引诱汉军，当汉军追击到平城（今山西大同市东北）时，被 30 多万匈奴骑兵团团包围于平城东面的白登山。

据《史记》记载，当时白登山周围的匈奴战马众多，西方是白马，东方是青马，北方是黑马，南方是赤马，军容极为雄壮。而汉军人数虽然也不少，但大多是步兵，在骑兵面前不堪一击。白登之围持续了七天七夜，汉军粮尽援绝，眼看就要全军覆没。据说，刘邦采用陈平的计谋，向冒顿单于的阏（yān）氏（匈奴王后称阏氏）行贿，才得脱险。

经此一战，汉高祖认识到汉朝还没有足够的力量对抗匈奴。

为了防止匈奴侵扰，汉朝皇帝被迫采取“和亲”政策，每过一段时间，就把一位汉家公主嫁给匈奴单于，同时赠送大量金银、绸缎、酒肉等礼物，并与单于结为兄弟。这种政策伴随着汉初的休养生息，持续了七八十年，但这并没有阻挡住匈奴的掠夺，反而使匈奴更加骄横。汉高祖死后，冒顿单于竟然给吕后写信说：“我生于北方沮泽之地，多次到过边境，想去中原游历。现在您孤独无依，我的阏氏前不久也死了。我们两个寡居的君主都不快乐，无以自娱，我愿意以己所有，换己所无。”狂妄无礼到了极致。吕后非常愤怒，气得想杀掉匈奴使者，发兵攻打匈奴，于是召集大臣商议此事。

有的大将积极请战，但是也有人提出反对意见，他们认为当初高祖带着 32 万大军尚且被匈奴围困，以他们当时的实力根本打不过匈奴。吕后只好咽下这口气，给匈奴回信说：“我年老气衰，头发和牙齿都脱落了，走路也不稳，您就不要侮辱自己了。”这是何等低三下四！在汉文帝和汉景帝时，匈奴多次大规模入侵汉朝的北部地区，汉朝也只能听之任之。

然而汉武帝即位后，形势发生了根本性的变化。汉武帝统治时期，国家的经济实力空前雄厚，王国的威胁也已经解除，中央集权得到了空前加强，加之汉武帝雄才大略，因此困扰汉朝多年的匈奴问题也终于到了可以彻底解决的时候。

最初，汉武帝也不敢贸然对匈奴大规模主动出击，而是采取诱敌深入聚而歼之的战术。公元前 133 年，汉武帝派人引诱匈奴攻击汉朝的马邑（yì）地区（今山西朔州市），并事先在这个地区埋伏了 30 万大军，准备等单于进入埋伏圈之后一举歼灭。没想到这件事被泄露出去了，单于在即将进入埋伏圈的时候退了回去。

此后，汉朝和匈奴的关系彻底破裂。汉武帝见诱敌战术不能奏效，索性更换战略，大规模主动出击。事实证明，这是一个非常明智的决策。因为汉朝北部边境绵延数千里，如果采取被动防御的战略，则防不胜防。汉朝不可能在边境处处部署重兵，而匈奴骑兵行动迅速，一旦入侵，等汉朝调集部队来增援，匈奴骑兵早已退回蒙古高原了。所以，只有主动出击，歼灭匈奴的有生力量，才能彻底解除威胁。

从公元前 133 年马邑之战到公元前 90 年燕然山之战，汉武帝一共对匈奴发动了数十次战役，其中最重要的战役有 3 次。

公元前 127 年，汉武帝派大将卫青率 4 万铁骑，采取“迂回侧击”的战术，从云中（今内蒙古托克托县东北）出发，向西迂回，切断了河套地区匈奴部落和本部的联系，从

白捡的知识

韩王信和韩信不是同一人

汉高祖在处理异姓王的时候，部分异姓王，如韩王信就曾投靠匈奴，对抗汉廷。

韩王信是姬姓韩氏，名信，韩国王族后裔。为了跟韩信区别开，后人都叫他“韩王信”。最初，汉高祖把他封在颍川，这里靠近巩县、洛阳、淮阳等战略重地。为了解除他日后可能带来的威胁，刘邦把他调到太原郡防御胡人。因为匈奴攻击他的都城马邑，韩王信多次派使者到匈奴处求和。刘邦派人去援救时，对他产生了怀疑，于是又派人责备他。韩王信害怕被杀，就把国都马邑献予匈奴并和匈奴约定好共同攻打汉朝，最终在公元前 196 年与汉军作战时为柴武所杀。

而一举夺回河套地区，获得匈奴100多万头牲畜。凭借这次反击，汉朝不仅收复了失地，解除了长安的威胁，还从侧翼对匈奴王庭（单于统治中心）构成了威胁，迫使单于把王庭迁移到蒙古大漠以北，为之后的大胜埋下了伏笔。

在汉朝和匈奴的战争中，河西地区的战略地位非常重要。河西地区指的是今天甘肃、青海两省黄河以西，即河西走廊和湟（huáng）水流域。一旦匈奴控制了这个地区，就会对汉朝西部构成威胁；而如果汉朝占领河西地区，则可以斩断匈奴右臂。

公元前121年，汉武帝派青年将领霍去病率军从长安出征河西。霍去病从陇西出发，转战一千多里，使匈奴损失3万多人，汉朝自此完全占领了河西走廊，并在此设立酒泉、武威、张掖、敦煌四郡（著名的“河西四郡”），河西地区从此成为汉朝领土的一部分，而匈奴则彻底丧失了对这个地区的控制权。匈奴当时有一首民歌唱道：“失我焉支山（在今甘肃永昌县西、山丹县东南），令我妇女无颜色。失我祁连山，使我六畜不蕃息。”

连续不断的战败使匈奴的实力被削弱，控制的区域也不断缩小，汉朝则完全掌握了对匈奴战事的主动权。最终，汉武帝对匈奴发起了总攻。公元前119年，汉武帝派出10万骑兵，由卫青、霍去病领军，兵分两路对匈奴展开大规模进攻。卫青率军从定襄（今内蒙古和林格尔县西北）出发，向北行军一千多里，在漠北与单于相遇，经过激战，匈奴大败，单于突围而走，匈奴军死伤近2万人，汉军夺取了大量的粮草。霍去病率军从代郡（今山西代县）出发，北上两千多里，大败匈奴左贤王，斩杀、俘虏了匈奴军7万多人，一直追击到今贝加尔湖一带。经过这次大战，汉军夺取了匈奴在蒙古大漠以南的所有地区——“漠南无王庭”，匈奴被迫向北迁徙。自此，匈奴一蹶不振，对汉朝边境的威胁基本解除了。

汉朝反击匈奴的战争，也为大量杰出将领提供了展示军事才华的平台。霍去病就是其中的佼佼者。他精通骑射，18 岁从军出征，用兵迅猛，屡立战功，深得汉武帝喜爱。汉武帝曾为他准备了一座豪宅，请他去看，但是他说："匈奴未灭，无以家为。"霍去病 24 岁英年早逝，汉武帝特意把他安葬在自己的茂陵附近，还为他建造了一座状似祁连山的坟墓，以纪念他的赫赫战功。

霍去病

思维导图

西汉与匈奴的和战

- **汉朝初期**
  - 刘邦白登之围；汉朝没有足够力量对抗匈奴，只能被迫采取“和亲”政策
- **汉武帝即位后**
  - 先：
    汉朝采取“诱敌深入，聚而歼之”的战术对抗匈奴
  - 后：
    主动出击匈奴：公元前127年，卫青夺回河套地区；公元前121年，霍去病出击，汉朝完全占领河西走廊，设立河西四郡；公元前119年，卫青、霍去病领军，汉朝对匈奴的总攻，此后匈奴对汉朝边境的威胁基本解除

发散思考

汉武帝连年征伐，给匈奴造成了沉重的打击，但同时也加重了汉朝民众的负担。所以，有人据此抨击汉武帝穷兵黩武，使人民困苦不堪。对此，你怎么看？你觉得汉武帝出击匈奴是必要的吗？

第五章

张骞的西域之旅

○丝绸之路，这条路成为沟通亚欧两个大陆的重要商道，最初却是因战争而来。有人认为，张骞的贡献只有后来的哥伦布才能比肩。司马迁在《史记》中把张骞出使西域称为『凿空』，足见其伟大。

敲黑板

· 张骞出使西域

· 丝绸之路的开辟

汉武帝为了解除匈奴对西汉王朝的威胁，动用了大量资源，想尽了一切办法。在这个过程中，他曾经设想的另一种对付匈奴的策略——联合大月氏共击匈奴（事实证明这个策略没有成功），意外开启了另外一段波澜壮阔的历史。

西域的范围，从广义上说，指中国新疆和中亚地区、印度、伊朗、阿富汗、巴基斯坦一部分；从狭义上说，指甘肃玉门关、阳关以西，葱岭以东，新疆天山南北等地。当时这片地区并不是汉朝的领土，存在着很多小国。那么汉武帝是如何和西域发生联系的呢？这和出击匈奴有关。

汉武帝在出击匈奴之前，做了非常充分的准备工作。他知道匈奴强悍，必须胜券在握，再主动出击，否则便再难寻到合适的时机。本着“知己知彼，百战不殆”的原则，他想要了解匈奴的情况，最好能找到匈奴的弱点，做到心中有数。于是他从投降汉朝的匈奴人那里了解情况，这些人都和他提到了一件事：在匈奴崛起的时候，他们曾经和西边的大月氏发生过激烈的战争，结果匈奴打败了大月氏，还非常残忍地用大月氏王的头骨做了一个酒杯。大月氏对匈奴非常仇恨，被迫西逃，以躲避匈奴的追击。得到这个消息后，汉武帝便想派使者寻访大月氏，与其联合抗击匈奴。如果大月氏从西方攻打匈奴，汉朝从南方攻打匈奴，两相配合，就可以对其形成夹击的态势，增加胜利的概率。但寻找大月氏并非易事，因为没有人知道大月氏具体逃往何方，而且自汉朝向西必然会经过匈奴的管辖地区，沿途还要翻越高山大河，战胜戈壁沙漠，加上高温、严寒，断粮断水是家常便饭，做这件事九死一生。于是，汉武帝就“募人”出使——公开招募有胆有识、敢于冒险的人出使西域，寻访大月氏。当时有 100 多人应募，最终被选中做汉朝使者的是张骞。

公元前 138 年，张骞正式率领使团出发，由都城长安出使西域，联络大月氏，以图夹击匈奴。当时汉朝西部边界只到今天甘肃兰州一带，再向西就是匈奴的控制区。张骞等人在穿过今天的河西走廊地区时，遇到匈奴的骑兵，遂被扣押。匈奴单于听说他们意图出使大月氏，非常气愤，质问张骞：“大月氏在我国北边，你们为什么要越过匈奴出使大月氏呢？”不过，单于可能出于对那些富于冒险精神的勇士的敬重，所以并没有加害他们，而是把张骞等人扣留在了匈奴，这一扣就是 10 年之久。虽然张骞在匈奴已经娶妻生子，但他并没有忘记自己的使命，始终保留着汉朝使臣的标志——节仗。

张骞待在匈奴的时间长了，匈奴对他的监管也就不那么严格了。张骞抓住机会和下属从匈奴逃了出来，然而他们并没有返回汉朝，而是继续向西寻找大月氏。他们连续走了几十天，到达今乌兹别克斯坦境内的大宛国。大宛王早就听说汉朝非常富庶，很想和汉朝交往，但苦于道路不通，所以当他看见张骞时非常高兴，就问张骞要去哪里。张骞说："我们要出使大月氏，但是不知道大月氏在哪里。如果您能派人送我们到大月氏，等我们回国后，汉朝必然会和贵国通好。"大宛王听后派人将张骞等人护送到康居（今中亚巴尔喀什湖和咸海之间）。康居王又派人继续护送张骞，张骞等人最终到达了大月氏。

历经千辛万苦之后，张骞终于可以履行自己的使命，但结果却让他大失所望。大月氏被匈奴打败后，尽管被迫西迁，但他们现在居住的区域土地肥沃，水草丰美，也没有外来威胁，所以他们并不想回故乡。张骞在大月氏停留了 1 年多，想着自己完成不了使命，再继续停留也是浪费时间，便返回汉朝。然而在返回途中他再一次被匈奴扣押，又在匈奴待了 1 年多。后来匈奴发生内乱，张骞乘机出逃，终于在公元前 126 年回到汉朝。

张骞此次出使西域，历经 13 年，出发时 100 多人，回来时只剩他和甘父（一个射箭高手，绝粮之时经常射杀禽兽为食）两人。

张骞出使西域虽然没有达成目的，但是他为中国人发现了一片广阔的新世界。有人认为，张骞

张骞出逃

的贡献只有后来的哥伦布才能比拟。司马迁在《史记》中把张骞出使西域称为“凿空”，足证其伟大。张骞回国后把他在西域的所见所闻向汉武帝做了详细的汇报，这引起了汉武帝的极大兴趣，只不过当时汉朝和匈奴的战事正酣，汉武帝无暇顾及。张骞被汉武帝封为博望侯，也加入了与匈奴作战的行列。

在反击匈奴的过程中，汉朝控制了河西走廊。这不仅大大扩展了汉朝的领土，而且使汉朝得以和西域接壤。这时，汉武帝又想起了张骞。公元前 119 年，汉武帝再次任命张骞为使节，出使

西域，联合乌孙钳制匈奴。乌孙是一个位于今伊犁河和伊塞克湖一带的大国，张骞在第一次出使西域时对乌孙就有所耳闻。这次出使很顺利，张骞带领约 300 人的使团、大量的牛羊和金银财宝，平安到达了乌孙。但是这时的乌孙处于分裂状态，乌孙王无法控制全国，自然也就没有力量反击匈奴。张骞这次出使依然没有达成目的。但是，在这次出使乌孙期间，张骞做了两件事：第一，他把随行的很多部下派到西域的其他国家，宣扬汉朝声威；第二，他动身回国时，邀请乌孙王派使节和他同行，到汉朝访问，乌孙王答应了。乌孙的使节到达汉朝之后，亲身体验了汉朝的强盛和繁荣，回国之后向乌孙王汇报所见所闻，乌孙从此非常重视和汉朝的交往。后来，汉朝还把公主嫁给乌孙王，双方结成了坚实的同盟。而张骞派往西域其他国家的使者也陆续归国，西域各国的使节也随之而至，从此，西域和汉朝就正式有了交往。

可惜的是，张骞并没有看到西域和汉朝的交往，他在出使乌孙回国后的第二年就去世了，但是他在历史上留下了不朽的印记。司马迁说他“为人强力，宽大信人”，就是说他既勇敢，又很宽厚，为人非常讲信用，而且他在出使西域的时候并不因为自己来自一个强大的国家就对当地小国颐指气使，而是平等待人，所以深得西域各国的信任。这为后来汉朝经营西域奠定了良好的基础。

经过数十年和西域各国的交往，公元前 60 年，汉宣帝在乌垒城（今新疆轮台县东策达雅地区）设置西域都护府，管辖天山以南、葱岭以东的地区。这是新疆地区正式归属中央政权管辖的开始。

思维导图

张骞的西域之旅

最初目的：出访西域，寻访大月氏，联合大月氏共击匈奴

张骞出使西域

第一次：

公元138年，张骞团队从都城长安出发，在穿过今天的河西走廊地区时，被匈奴扣押10年之久；10年后，张骞和下属趁机从匈奴逃跑，行至大宛国，后到达大月氏，但未能完成出访使命；在大月氏待了1年多后，张骞和下属在返回途中再次被匈奴扣押，直到公元前126年回到汉朝

第二次：

公元前119年，张骞出使西域，此行使命是联合乌孙钳制匈奴，但未能达成使命；却达到了宣扬汉朝声威，促进西域和汉朝的交往的目的

发散思考

张骞开辟通往西域的道路后，有哪些货物进入中原?

第六章 儒家思想为何长期占据古代社会主流思想地位

○在美国最高法院的门楣上雕刻有中国的孔子像，可见孔子的影响早已不限于中华文化圈而是遍及全球。孔子是如何从春秋时周游列国，政见不被采纳，到成为影响全世界的哲学人物的？第一个把儒学推向神坛的人是谁？

敲黑板

· 董仲舒新儒学
· 汉武帝“罢黜百家、尊崇儒术”

汉武帝除了出击匈奴和经营西域，还做了一件对后世影响深远的事——“罢黜百家，尊崇儒术”，这件事的影响一直持续到现在。

从战国到西汉，儒家的地位一直起伏不定。在“百家争鸣”时期，儒学是显学。但是到了秦朝，秦始皇推崇法家，下令焚毁儒家经典，禁止私人讲学，儒家遭到了沉重打击。好在秦朝统治的时间不长，到了西汉初年，社会环境宽松，儒家开始慢慢恢复元气，在政治上小试身手。当时发生过一件很有意思的事：汉高祖刘邦和他手下的功臣大将大都出身于底层社会，不懂礼仪，上朝的时候很多大臣经常在大殿上喝酒，喝醉了就大喊大叫，甚至有的还拔剑砍柱，这让刘邦很头疼。刘邦手下有一个叫叔孙通的人依儒家之礼，帮助他改变了这一现象。朝会之时，场面庄严宏大：文臣武将都按照规定的位置肃立，无人大声喧哗，都规规矩矩按照礼仪官的命令行事。刘邦后来感叹：直到今天，我才知道做皇帝的尊贵啊！

西汉初年，恢复经济、壮大国力是当时亟待解决的事，所以讲究“清静无为”的道家思想风靡一时，很多达官贵人都是道家信徒，儒家备受冷落。汉文帝的窦皇后就是道家思想的拥护者。窦皇后一直活到汉武帝（窦皇后的孙子）执政初年，在政治上有很大的影响力，汉景帝、汉武帝都要对她礼让三分。汉景帝时，窦太后曾经问一个叫辕固生的儒生对《老子》这本书的看法。辕固生很不客气地说：“这不过是普通人的言论罢了。”窦太后听后勃然大怒，竟然把辕固生关在野猪圈里，让他和野猪搏斗。汉景帝同情辕固生，认为他并无过错，就派人送给辕固生锋利的兵器。辕固生也不含糊，一击正中野猪的心脏。窦太后只好放过辕固生。窦太后死后，年轻的汉武帝才有施展抱负的机会。

汉武帝即位第二年，曾经命令全国向朝廷推荐“贤良方正能直言极谏者”，亲自命题考试。来应试的人中，就有当时的大儒董仲舒。董仲舒是一位研究《春秋》的学者，他认为，《春秋》推崇的大一统，是天地间恒常的规律，是古今都遵循的方法，如今学者有不同的道统，各人有不同的论调，各个学派的方法、主张不一样，因此帝王摇摆不定，不能维持一贯的方针，法理制度经常变化，臣下不知如何守臣道。所以他给汉武帝提出了一个建议：凡是不在儒家“六艺”范围之内的学问，不符合孔子学说的思想，都应该禁绝，不让它们发展，这样邪门歪道的学说就会消失，国家的法令就可以统一，臣民也就知道应该遵循什么了。这个建议被概述为“罢黜百家，尊崇儒术”，后来被汉武帝采纳。这就意味着儒家思想从此开始成为居统治地位的思想。

汉武帝为什么要大力提升儒学的地位，使它成为居主导地位的理论呢？

让我们回顾一下历史。在汉朝之前，秦朝推崇的是法家，而西汉初年地位显赫的则是道家。秦国和后来的秦朝最迫切的需求是什么呢？秦国要富国强兵，统一全国；秦朝要巩固统一，加强对国家的控制。而雷厉风行的法家恰好契合了这种需求。到了西汉初年，因为经济萧条，统治者要创造一个稳定的环境来恢复国力，所以“清静无为”的道家就特别符合当时的需要。由此可见，某种学派在某个时期被统治者重视，一定是因为它自身的内容、特点在当时满足了统治者的需求。那么我们也可以这样解释汉武帝独尊儒术的现象：他认为儒家学说的主张在当时最符合他的需求。由此又产生了两个问题：儒家学说的主张是什么呢？汉武帝的需求又是什么呢？

儒家学说的主张是什么呢？这里说的是经过董仲舒进一步阐发的儒家思想。他对儒家思想的发展，最重要的是“天人感应”思想。他认为“天”是万事万物的绝对主宰，皇帝之所以能统治臣民是因为天命所在，所以臣民必须服从皇帝，而皇帝必须服从上天。如果皇帝违背了天意，施行暴政，上天就会降下灾祸或者怪异的事情来警告皇帝，让他改弦更张。如果皇帝死不悔改，那么上天就会把统治臣民的使命交给其他人，这就是改朝换代，也就是古人

董仲舒像

所说的“革命”。

这套理论对皇帝会起到什么作用呢？首先，它给皇权披上了一层神权的外衣，从而增强皇权的合法性。人们不难发现，历史上凡是出身低微的统治者，伴随着他们的发迹史，往往会有很多神鬼传说，这其实就是他们获得权力的合法性依托。而董仲舒是较早、系统化地提出这一思想的，他的学说对皇权有强化作用。同时，人们可以发现在他的理论体系中，皇帝并不是最高权威，天命才是。皇帝必须服从天命，否则就会被上天抛弃。这其实在一定程度上也是对皇权的限制，至少在理论上是这样的。至于这套理论在实践中的效果如何，到底是限制了皇权还是强化了皇权，那就需要后人去评判了。

汉武帝当时的需求是什么呢？汉武帝虽有雄才大略，但好大喜功，权力欲极强，他在位的时候采取了很多措施来加

白捡的知识

政策得与时俱进

西汉初期“无为而治”的统治思想，促进了政权的巩固、经济的恢复。但是到了汉武帝时期，“无为而治”思想已经不能适应时代发展的需要。

汉武帝时的统治原则：“霸王道杂之”。以儒家思想为主，但经过董仲舒阐发的儒家思想与先秦的儒家思想不同，董仲舒在先秦儒家思想的基础上融入了阴阳家、法家思想。在实际政策的制定和人事任用上，又并非纯守儒术，而是大量吸收了法家的施政思想、手段，具有儒法合流的特征。

强皇权。而董仲舒提出的“大一统”思想，要求臣民服从天子，这恰好迎合了汉武帝的需要。董仲舒还提出了著名的“三纲”说，即“君为臣纲，父为子纲，夫为妻纲”。他认为君臣、父子、夫妻的伦理，都是由自然所决定的。他以“天道”的阴阳做论证，认为君主、父亲、丈夫都是阳性的，所以天然位置在上，而臣子、儿子、妻子都是阴性的，所以天然位置在下，阴性必须服从阳性。这就把君主的权威上升到了自然规律的高度，似乎天经地义，无可置疑。

另外，汉武帝为出击匈奴，经营西域，动用了大量的人力、物力和财力，势必会加重民众的负担，造成社会矛盾的紧张。这时就对统治者的治国理念提出了很高的要求：法家断不能用，因为它的暴政只会加剧矛盾，秦朝的灭亡就是先例；道家放任自流，也不合适；而只有讲礼义、讲秩序、讲爱人、讲仁政的儒家，最合乎时代的需要。秦末汉初的大儒叔孙通对儒家思想有一句很到位的评价：夫儒者难与进取，可与守成。当社会剧烈动荡，需要雷厉风行、积极进取的时候，儒家思想往往是远水不救近火；但是当社会秩序建立起来，需要进一步巩固秩序、缓和矛盾的时候，儒家思想就有它独特的价值了。这就是儒家思想在当时及后世被树立为主流社会思想的原因。

当然，汉武帝推行“罢黜百家，尊崇儒术”时并不像秦朝“焚书坑儒”那样暴力、极端。确切地说，他是把儒家思想确立为官学，而其他学派照旧可以传播，其他学派的学者也可以去研究儒学，但是要想依靠其他学派进入上流社会，获得功名富贵，那是不可能的。比如，汉武帝在中央设立了五经博士，就是专门研究《诗》《书》《礼》《易》《春秋》这 5 部儒家经典的学问官，而其他学派就没有这个待遇。

汉武帝还创立了一种选官制度——察举制，就是自下而上地由地方向中央推荐官员，推荐名目中最重要的就是“孝廉”，即以人的品行为标准选拔官员，这是典型的儒家标准。

由于此时各经典版本不一，错谬甚多，故汉灵帝使蔡邕（yōng）等人于东汉灵帝熹平年间厘定正字，刻《周易》《尚书》《鲁诗》《仪礼》《春秋》《春秋公羊传》《论语》7部经典以行规范。

白捡的知识

秦始皇“焚书坑儒”和汉武帝“罢黜百家，尊崇儒术”比较

目的一致：统一思想。

秦始皇焚书坑儒：禁绝其他各种思想流派，诛杀儒生、方士等。

结果：非但没有达到思想统一的目的，反而激化了社会矛盾。

汉武帝独尊儒术：建太学，以儒学为官学正统，士人想要从政，必须学习儒学和六经；培养儒生官僚。

结果：统一思想，确立儒学独尊地位，儒学逐渐成为社会的主流意识形态。

思维导图

儒家思想为何长期占据古代社会主流思想地位

- **董仲舒的新儒学**
  - 最重要的是“天人感应”思想
  - 大一统思想
  - “三纲”说
- **汉武帝“罢黜百家，尊崇儒术”**
  - 符合汉武帝当时的需求——加强皇权，进一步巩固秩序
  - 结果：
    儒生的地位大大提高，儒学渐渐成为社会的主流意识形态

发散思考

到了近代，有人认为“罢黜百家，尊崇儒术”本质上和秦始皇的“焚书坑儒”一样，都是一家独大，唯我独尊，属于文化专制，钳制了人们的思想，彻底终结了战国时期“百家争鸣”的局面。对此，你怎么看？

第七章

汉武帝晚年为什么要做『自我批评』

○汉武帝刘彻是中国历史上赫赫有名的皇帝。他 16 岁登基，在位 54 年。在位期间，他大规模出击匈奴，解决了长期困扰汉朝北部的边患问题；『罢黜百家，尊崇儒术』，使儒家思想从此成为中国传统社会的主流思想；派张骞出使西域，使汉朝西部影响范围得以扩展。然而，这样一位雄才大略的帝王，却在晚年时下了一道不同寻常的『自我批评』诏书，这是为什么？

汉武帝刘彻是中国历史上赫赫有名的皇帝。他 16 岁登基，在位 54 年。在位期间，他大规模出击匈奴，解决了长期困扰汉朝北部的边患问题；“罢黜百家，尊崇儒术”，使儒家思想从此成为中国传统社会的主流思想；派张骞出使西域，使汉朝西部影响范围得以扩展。然而，这样一位雄才大略的帝王，却在晚年时下了一道不同寻常的诏书。

公元前 89 年，有大臣提议在轮台（今新疆轮台县东南）修筑堡垒、驻扎军队。汉武帝下诏答复：这样的举措会让天下人困扰劳苦，不是对百姓的优待。他还说，自己以前对匈奴用兵是不明智的，今后应该努力发展农业，禁止增加赋税，减轻百姓的负担。这就是所谓的“轮台悔过”诏书，是历史上著名的专制帝王的“自我批评”。

汉武帝为什么要这样做呢？这个问题涉及他晚年的执政特点：穷兵黩武，法令严苛，猜忌多疑，任用酷吏。

汉武帝在位前期屡次大规模出击匈奴，确实解除了匈奴对汉朝北方的巨大威胁，这是必要的。但是长期大规模的用兵毫无疑问会加重百姓的负担，对于这一点，汉武帝不但缺乏认识，而且随着战事发展，其用兵决策更是越发草率。他对大宛的出击就是一个典型的例子。

大宛是位于今中亚费尔干纳盆地一带的一个国家，当地有一种名马——汗血马。汉武帝派出使节前往大宛，以千两黄金及一尊黄金铸成的金马换取汗血马，遭到大宛的拒绝。汉使一怒之下出言不逊，侮辱了大宛王，结果被大宛王斩杀。汉武帝接到消息后非常生气，调动军队讨伐大宛。当时他正宠爱李夫人，特意任命李夫人的哥哥李广利统率军队。但是汉军最终伤亡惨重，李广利带着残兵败将退至敦煌，请求汉武帝暂且罢兵，以后再战。汉武帝大怒，下令“有胆敢退入玉门关者，杀无赦！”当时很多大臣认为没有必要为这点小事兴师动众，应该集中精力对付匈奴，但汉武帝认为如果连区区一个小国都不能征服，汉朝岂不威风扫地？他一意孤行，费尽九牛二虎之力，最终打败了大宛，却为此耗费了大量的人力、物力和财力。他不仅给李广利派遣了 6 万多援军，还征调了 10 万头牛、3 万匹马、数以万计的驴和骆驼，同时，为巩固西北边防，还调派了 18 万戍卒进驻酒泉、张掖等地，实在是劳民伤财。

由此我们可以看出，汉武帝的独断专行已经非常严重了。其手下在执行这样简单粗暴的决策时必然会打折扣，那他靠什么来推行他的决策呢？严苛的法令。这必然导致出现很多冤假错案，如著名的李陵案。

李陵是汉朝著名将领“飞将军”李广的孙子。李陵和他的祖父一样精通骑射，爱护部下，汉武帝非常器重他。在一次对匈奴的作战中，李陵率领 5000 步兵深入匈奴境内，而汉武帝却没有为他安排支援和策应的部队，致使李陵孤军深入，被 3 万匈奴骑兵包围。李陵临危不惧，率领部下结成战阵，用弓弩射击匈奴，杀死数千敌人。匈奴单于大惊，认为遇到了劲敌，便调集 8 万多骑兵来围攻李陵。李陵率领部下且战且走，士兵大多负伤，但仍顽强苦战，又斩杀匈奴兵上万人。最终汉军被匈奴大军团团包围，寡不敌众，所有的箭都射光了，李陵觉得无颜见汉武帝，便投降于匈奴。汉军只有 400 多人逃脱。汉武帝原本希望李陵能死战，后来听说他投降于匈奴，十分愤怒。

大臣们都觉得李陵有罪，唯独太史令司马迁为李陵说情。他认为李陵是一个忠孝双全的人，只率领 5000 步兵，却转战千里，杀敌众多，匈奴调集精锐部队对付他，他走投无路才会投降，就算打了败仗，他也对得起国家。对于司马迁的话，汉武帝不仅听不进去，反而认为他在替李陵辩护，故对其施以宫刑，并且处死了李陵全家。李陵后来对人说："如果汉朝能赦免我的罪名，保全我的家人，那么我一定会找机会报答汉室。我本打算找机会劫持单于的，但现在汉朝处死我全家，我还怎么回去呢？"李陵羁留匈奴 20 多年，最终病逝草原。

在李陵案中，汉武帝的严刑峻法有悖（bèi）于情理，但他丝毫没有意识到这点，只是一意孤行，草率定案。在推行严苛的律法时，他必定会任用酷吏。这些酷吏只知道取悦于汉武帝，对他人冷酷无情，甚至有人胆大妄为，为一己私利，挑拨皇室宗亲关系，最终酿成汉武帝晚年的一场大动乱、大悲剧——巫蛊之祸。

巫蛊是一种巫术，即把一个象征着自己仇人的木偶埋入地下，被诅咒者就会有灾难。随着年龄渐长，汉武帝晚年越来越多疑，总是怀疑周围的人用巫蛊诅咒自己。于是他就任用一个叫江充的酷吏调查此事，最后竟然查到了太子头上。

太子刘据，是汉武帝 29 岁时才得的儿子，所以他一度非常宠爱太子。但是刘据生性仁慈宽厚，汉武帝觉得他不够精明强干，而且刘据对汉武帝制定严刑峻法、任用酷吏的做法也不以为然，所以父子关系便逐渐疏远，汉武帝一度想废除刘据的太子之位。江充曾经得罪过太子，这让他很不安心。他担心将来太子即位，自己没有好下场，所以试图利用汉武帝对自己的信任除掉太子。

于是，江充在宫中搜查巫蛊的时候就声称：从太子宫中找出的木偶最多，还有很多写着大逆不道的文字的丝帛，要上奏陛下。刘据知道以后非常害怕，他知道这是江充在陷害自己，但是百口莫辩，他索性一不做二不休，把江充抓起来杀了，并且调集军队，声称汉武帝受到了奸臣的蛊惑和劫持。当时在长安城外甘泉宫的汉武帝以为太子发动了政变，要取代自己，就调重兵攻击长安。双方会战好几天，死了几万人，长安街道旁的水沟里流满了鲜血。最终太子战败，在外逃途中自杀。汉武帝回到长安以后，才慢慢了解到太子是因为被江充逼迫，才被迫起兵诛杀江充，并没有叛乱的意思。汉武帝既后悔又悲伤，就修了一座思子宫，又在太子自杀的地方建了一座归来望思之台。

巫蛊之乱时，西汉众多官员皇亲牵连其中，大多被杀，西汉政局动荡。

汉武帝晚年的弊政，给国家带来了严重的祸患。他即位之初，国家富足，百姓安康，但在连续对外征伐几十年后，国家出现了海内虚耗、国库空虚的现象，经常有数百万灾民流离失所，起义不断发生。这些人打家劫舍，杀死官吏，汉武帝竟然下令：凡有成帮结伙盗贼兴起，地方官不能及时发现的，或者虽然发现却未能全部擒获的，自二千石以下俸禄的官吏一律处死。很多官员惧怕朝廷治罪，即使发现有盗贼，也不敢上报，局势就越发混乱不堪。

巫蛊之祸以后，经历了丧子之痛的汉武帝痛定思痛，开始采取措施恢复经济，稳定社会，减轻民众负担，也不再大规模用兵。于是就有了开头提到的《轮台诏》。

是什么导致汉武帝晚年执政出现了严重的问题呢？这个问题需要结合两个方面的因素去分析，即制度因素和汉武帝的个人性格因素。

汉朝沿用了秦朝的君主专制制度，这种制度的主要特点是君主大权独揽，而且这种制度中缺乏对君主权力有效制约的方法，简单地说，就是君主可以为所欲为。而汉武帝本身是一个权力欲非常强的君主，他在位期间不断采取措施来加强君权，使自己手中的权力越来越大。同时他又是一个好大喜功的人，利用这种制度，他大规模地推行各种措施。可以说，汉武帝的性格使他不断强化制度，而强化了的制度又会把汉武帝的缺点放大，这对国家造成了严重的影响。特别是他晚年的专断、猜疑、固执，不仅给国家和臣民带来危害，也给皇室家族造成了难以弥补的创伤。

思维导图

汉武帝晚年为什么要做“自我批评”

- 公元前89年，汉武帝晚年下《轮台诏》
- 汉武帝晚年执政特点
  - 穷兵黩武，如任命李广利调动大军讨伐大宛
  - 法令严苛，如李陵案
  - 猜忌多疑，任用酷吏，如巫蛊之祸

发散思考

汉武帝晚年的执政风格由哪些成因呢？

第八章 王莽改制为何会失败

○你见过两千多年前的老虎钳和游标卡尺吗？这些如同穿越了时空的文物都来自王莽时代。有人说他是伟大的改革家，有人说他是卑鄙的窃国者，还有人戏称他是来自现代的『穿越』者。王莽和他的新朝到底是怎么一回事儿？

敲黑板

- 西汉末期的社会问题
- 王莽改制

中国历史上出现过数百位皇帝，他们取得帝位的方式各不相同。大多数皇帝是通过继承获得帝位的，也有人是通过外部战争或内部政变等方式获得帝位的。历史上有一个人取得帝位的方式比较特殊，有人认为他是中国历史上绝无仅有的因民众呼声高而获得帝位的。这个人就是王莽。王莽曾经以非常荣耀的方式得到帝位，但又以极为悲惨的方式死去，还背上了“篡逆”的恶名，被万人唾骂。

王莽到底是怎样的人？他是怎样当上皇帝的？为什么他又在皇帝的宝座上跌得粉身碎骨呢？

王莽出生在汉朝的一个显贵家族，他的姑姑王政君是汉元帝的皇后（元后）。王家借助皇后的地位，声名显赫，可谓是“一人得道，鸡犬升天”。王莽的 5 个叔叔曾经在同一天被封侯，朝堂上大量的官员都出自王家门下。但是王莽的运气不太好，他的父亲很早就去世了，没赶上王家权倾朝野的时候。王莽是在“孤贫”

的环境里长大成人的，但是他非常好学，又极能吃苦。他拜当时的大儒为师，严格按照儒家标准要求自己，孝顺母亲，尊师重友。当时的王家子弟大都骄奢淫逸，唯独王莽独善其身。他的叔叔大将军王凤病重的时候，王莽亲自为王凤尝药，在病榻前守了一个多月，蓬头垢面，连衣服都顾不上换洗。王凤非常感动，在临终之前把王莽托付给当时已经是太后的王政君和汉成帝，王莽从此开始走入仕途。但他并没有因此得意忘形，反而越发谦虚谨慎。他把自己的收入拿来资助穷困的儒生，把车马、衣服送给需要的朋友，加上他工作勤恳，所以升迁很快，不久就出任大司马（国家最高武官）之位。但是好景不长，汉哀帝即位后，王莽失宠，被迫辞官隐居。公元前 1 年，哀帝去世，年仅 9 岁的平帝即位后，元后临朝称制，王莽又重新得到了重用，复拜大司马之职，公元 1 年，王莽进位太傅，号安汉公。

这时西汉王朝已经到了统治末期，各种问题积重难返，其中最严重的问题有两个。第一个问题是土地兼并问题。当时贵族、官僚、豪强大量兼并农民土地，导致农民失去土地，流离失所。早在汉武帝时期，董仲舒就说现在“富者田连阡陌，贫者无立锥之地”。这个问题后来愈演愈烈。失去土地后农民会怎么样呢？据《汉书》记载，有的“大饥而死，死又不葬，为犬猪所食，人至相食”，有的“啸聚山林，落草为寇”，有的被迫做了大户人家的奴婢。于是就产生了第二个问题——奴婢问题。奴婢的境遇十分悲惨，主人经常虐待甚至杀害他们。达官贵人家里的狗和马都因为吃得太多而太胖，必须每天被牵出去溜达，而这些奴婢的地位还不如狗和马。

在这两个问题上，王莽和那些贪婪的达官贵人想法完全不同。

他有一个指导思想：天地之性，人为贵。他对此也是身体力行的。在他隐居期间，他的二儿子王获打死了一个家奴，王莽便责令王获自杀赎罪。王莽贵为皇帝外戚，在贵族权臣都拿奴婢不当人看的社会中，他竟然要自己的儿子为一个低贱的家奴偿命，这件事会在社会上产生什么影响呢？

汉平帝 12 岁的时候，皇室开始为他物色皇后人选。很多士人百姓都认为只有王莽的女儿才有资格做皇后，强烈要求汉平帝迎娶王莽的女儿。最终，王莽之女顺利入选皇后。皇室向王莽家下聘礼，赐给王莽礼金两亿钱，王莽再三推辞，接受了 6300 万钱，其中 4300 万周济刘氏宗族中的穷人。

王莽的行为为自己赢得了极好的声誉。他曾经把朝廷赐给他的很多土地都退还给朝廷，消息传出后，朝廷竟收到 48 万多人上书，要求给王莽加赏。当时还不断有人上报各地“祥瑞”，希望王莽能做皇帝。所谓“祥瑞”，就是一些日常生活中不常见的、奇异的事物和现象。西汉此时流行董仲舒的“天人感应”理论，人们相信，当统治者无道的时候，上天就会降下灾祸，甚至进行“革命”，让其他更有德行的人来做皇帝，这时就会出现所谓的“祥瑞”。比如，有人在长安的一口水井里发现一块石头，上面刻着“告安汉公莽为皇帝”几个字；又有一个官员上报，说他梦见了“天公”，“天公”告诉他王莽会成为皇帝，为表灵验，还说早晨醒来时，自己会看到一口新水井。他早晨出门一看，原来的平地上果然出现了一口新的水井。诸如此类的“神迹”层出不穷，不断有人上报说他们发现了要求王莽做皇帝的“祥瑞”，但其实，这些都只是官员揣摩王莽心理而做的戏。公元 8 年，王莽逼孺子婴退位，正式登基，并且改国号为“新”。

王莽拒收朝廷的封赏

王莽心里非常清楚，当了皇帝改了国号，并不意味着汉朝原有的社会问题就能得到解决。对于汉朝最严重的社会问题——土地兼并和奴婢问题，他认识得很准确，问题在于采取什么措施来解决。

王莽是儒家思想的忠实信徒，他认为古代的典籍里就有解决土地问题的方案——井田制。在儒家看来，这是理想的土地制度，据说西周君主曾经施行过。按照《孟子》的说法，井田制是把耕地划分为多块一定面积的方田，周围有经界，中间有水沟，阡陌纵横，像一个井字。土地都按井字划成 9 块，每块 100 亩，周围的 8 块由 8 户人家耕种，中间的一块为公田，百姓先把公田耕种完后，再去耕种自家的地。

王莽下令，把全国土地都称作“王田”，不允许买卖。这等于废除了土地私有制。同时，王莽依《孟子》所载井田制一夫一妻授百亩田的原则，规定如果一家男子不满 8 个人，而土地超过 900 亩，就要把多余的土地分给其他无地的人。

关于奴婢问题，王莽规定，所有的奴婢都改为“私属”，也就是家庭成员之一。这样既可以提高奴婢的地位，也可以冻结奴婢买卖，让奴婢制度不再扩大，使奴婢制度自然走向衰亡。

但是，这些用心良苦的措施根本无法执行，因为拥有大量土地和奴婢的人，并不愿意把自己辛苦积攒起来的家产平白无故地分出去，他们拒绝按照法令行事。而那些无地的贫民本来盼望获得土地，但最后却是竹篮打水一场空。结果双方都对王莽非常不满。3 年之后，王莽不得不宣布买卖土地和奴婢不再治罪。这等于废除了这两项法令。朝令夕改，致使政权的权威性被大大削弱。

王莽是彻底的复古主义者，他认为一切按照儒家经典的规定来做就可以解决问题。于是他按照《周礼》的规定，把实行已久的地名和官名都改了，比如把太守改叫大尹，县令长改叫县宰，长安改名常安。这样做问题不大，最多只是造成一些不便。但是他的另外一项措施却愚蠢至极：他受儒家“夷夏之辨”的影响，对边疆少数民族的境外政权采取了一系列错误的政策，强迫匈奴改名为“降奴”，单于改名为“服于”，高句（gōu）丽（lí）改为“下句丽”，把这些民族统治者的称号从“王”改为“侯”，还特意派使者把原来汉朝颁赐单于的“玺”改名“章”。各族因此拒绝臣服新朝。对此，他轻率地决定使用武力，导致周边战争连年不断。此外，他还随意改变货币制度，新的币制极其复杂，给民众生活带来极大不便。

王莽不断挥霍自己积累起来的威信，民众对他由极度期望变成极度失望。而在各地的刘姓皇族后代看来，王莽篡夺了刘家的天下，所以他们就利用民众的不满情绪，重新打出汉朝的旗号，起兵讨伐王莽，王莽军队节节失利。公元 23 年，起义军攻入长安。大臣们都劝王莽逃跑，但是他却说："天命在我身上，他们能奈我何？"结果王莽被杀，他建立的政权只存在了短短 15 年。

青铜卡尺

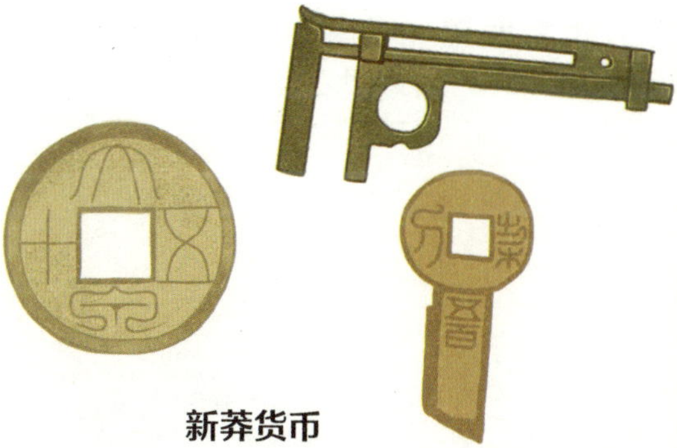

新莽货币

王莽发明的卡尺和现代的游标卡尺十分相似；他创造的货币也一改当时用金子、银子交易的传统，与现代的钱币属性相似。因此，有人说王莽是来自现代的"穿越"者。

白捡的知识

实践"复古潮流"

汉武帝独尊儒术后，儒士在官僚体制中的地位逐步提高，儒家思想影响巨大。许多儒士赞同"奉天法古"，认为恢复古制即可解决此时的社会问题，这种思想最终由王莽实践于现实层面，具体表现为王莽的各项改革措施。

思维导图

王莽改制为何会失败

- 公元8年，王莽逼孺子婴退位，正式登基，国号为“新”
- 改制措施
  - 恢复井田制，废除土地私有制
  - 所有奴婢改为“私属”
  - 按儒家经典，彻底实行复古，更改周边民族族名和首领封号等
  - 改变货币制度
- 后果
  - 触动了地主豪强和很多官僚的利益，且引起民众不满，激化社会矛盾

发散思考

王莽的失败，被后人反复研究和评价。有人认为，王莽赢得民心的举措是沽名钓誉；也有人认为他非常真诚，是一个道德水准很高的人。对此，你是怎么看待的？你认为王莽改制失败的原因是什么呢？

第九章 东汉宦官与外戚的角力

○刘秀是中国数千年历史中罕有的既能提刀定乾坤又受过皇家学府高等教育的全才皇帝，他不杀开国功臣、对结发妻子不离不弃，就连颜值也特别在线！他把中国从打得稀烂的战争中拯救出来，建立了东汉。但是，仅四代君主之后，东汉就陷入外戚和宦官角力政权的泥沼中，直至覆灭。

敲黑板

· 东汉外戚与宦官交替专权

王莽的理想主义和复古主义使改制失败，国家陷于动荡和混乱之中。王莽死后，很多武装集团意欲争夺天下，因此出现了群雄逐鹿的现象。最终的获胜者是汉高祖刘邦的九世孙——刘秀。刘秀在公元 25 年以洛阳为首都，建立了自己的政权，仍然使用汉朝的国号，史称东汉。随后他又花费十几年时间，消灭各地的割据势力，完成国家统一。

刘秀生长于民间，对于西汉末年到王莽时期的社会状况有深刻的了解，所以他在位期间非常注意缓和社会矛盾。他减轻刑罚，减免民众的田租，还任用许多勤政爱民的官吏来管理国家。刘秀之后的汉明帝、汉章帝基本都继承了他的作风，并延续了他的措施，国家比较太平，人民的生活比较安定。但是，从东汉的第四个皇帝汉和帝开始，朝廷出现了一种很奇特也很恶劣的政治现象——外戚和宦官交替专权。外戚和宦官之间的明争暗斗，使朝局错综复杂，朝政日益腐败，严重消耗了东汉政权的政治资源，是导致东汉灭亡的重要因素。

东汉为什么会出现宦官和外戚交替掌权的现象呢？他们之间又为什么会发生争斗呢？

东汉时期的宦官，指的是被阉割之后专门服侍皇帝和皇室家族成员的奴仆。所谓外戚，就是皇帝的母族或妻族，通俗地讲，就是皇帝的母亲一脉和皇后的“娘家人”，按辈分来说就是皇帝的外公、舅舅，或者皇帝的岳父、皇后的兄弟等。因为这些人对于皇帝来说是异姓人，所以被称作“外戚”。其实西汉时期就有很多外戚掌握大权，比如卫青、霍去病、王莽等，但是像东汉这样由外戚长期把持政权，并且和本不应该参与政事的宦官发生激烈的权斗的现象，在历史上实属罕见。

外戚专政是怎么发生的呢？

东汉一朝，一共有 14 个皇帝。从第四个皇帝汉和帝开始，后边的皇帝都是“冲龄”即位，

白捡的知识

东汉外戚的特点

东汉的外戚，一般都是功臣宿将，名门大族。他们身居高位，手握权柄，代表性的有马、窦、邓、梁四大家族。他们集功臣与外戚于一身，权势很大；出自名门望族，有较高的文化水准，因此有一定的执政能力；家族成员往往身居高位，手握权柄。

即都是未成年就当上皇帝的。比如，汉安帝 13 岁即位，汉顺帝 11 岁即位，汉桓帝 15 岁即位，汉灵帝 12 岁即位，甚至还有即位时穿着开裆裤的，比如汉质帝即位时 8 岁，汉冲帝即位时 2 岁，最夸张的是汉殇（shāng）帝即位时才 100 多天，死的时候 2 岁。这么小的皇帝，生活尚且不能自理，更别提处理国家大事了。每当发生这种情况，一般的处理方式是由母后临朝，就是由前朝皇帝的皇后，即刚刚即位的小皇帝的母后来处理政务。

东汉的皇后和西汉的皇后不同，西汉的皇后大多出身低微，而东汉的皇后大多数出身于世家大族。比如，汉章帝的窦皇后出自东汉开国元勋窦融的家族，汉章帝死后，刘肇（zhào）即位，史称汉和帝，其养母窦皇后升格为太后，汉和帝年幼，窦太后堂而皇之地把持朝政。汉和帝的皇后邓氏，则是东汉开国元勋邓禹的孙女。

东汉中期以后，即位的皇帝大都年幼，朝政由外戚掌控。

这些出自名门望族的皇后有两个特点：第一，有较高的文化水准，这使她们具备一定的执政能力；第二，家族势力庞大，其父辈兄弟等往往身居高位，手握权柄。但皇后（太后）毕竟是女性，缺乏政治经验，往往依靠自己的“娘家人”，这样就会形成一个庞大的外戚政治集团，皇帝的权力便会迅速转移到外戚家族手中。而且，如果小皇帝去世，这个家族就会故意忽略其他的成年继承人，再立一个便于控制的小皇帝。

随着小皇帝逐渐长大，他对这种大权旁落的现象当然会不满意，但是苦于自己年纪尚小，无力跟外戚集团抗争，而且满朝文武都是外戚集团的亲信，没有一个自己可以信任的人。此时，宦官便有了可乘之机。因为宦官自皇帝幼时起便伺候皇帝起居，算得上是他们的保姆、保镖和玩伴，自然而然就成了小皇帝最亲近、最信任的人。小皇帝通常依靠这些人，再联络一些被外戚集团冷落的大臣发动宫廷政变，伺机夺回政权。比如，汉和帝就是借助宦官郑众消灭了窦氏家族，汉安帝则借助宦官李闰、江京等人铲除了邓氏家族的势力。皇帝亲政后由于缺乏政治经验，所以不得不继续倚重宦官，这样外戚专权就会变成宦官专权。而东汉的皇帝除了年幼即位，还有一个特点：短命。比如汉和帝年仅 27 岁就去世了；汉安帝去世的时候也只有 32 岁。这样就又会有一个新的小皇帝即位，于是宦官专权又变成了外戚专权，周而复始，恶性循环。

这种局面有什么危害呢？

外戚也好，宦官也罢，都不是通过正常途径获得权位的。他们没有受过系统的教育和训练，一旦掌握权力，很少有人能居安思危、谨慎地使用权力，大多数人结党营私、贪污腐化、骄奢淫逸、飞扬跋扈。外戚中最典型的就是梁冀。

梁冀的妹妹是汉顺帝的皇后，顺帝死后，梁氏一门把持政权，先后立了3个皇帝，即2岁的汉冲帝、8岁的汉质帝和15岁的汉桓帝。在这段时间里，梁氏一门有3个皇后，7人封侯，2个大将军，娶汉家公主的有3人，担任要职的有50多人，可谓权倾朝野。

梁冀的生活非常腐化，他为自己营造的豪宅园林，据说方圆近千里。他还为自己建造了一座方圆数十里的兔苑，兔苑里有专人饲养兔子，在兔子的毛上打上记号。一个从西域而来的商人误入兔苑，杀了一只兔子，竟然有10多个人因此被处死。在梁冀的园林豪宅中，有几千个奴婢伺候他，其中大多数是被他强行抢来的良民，梁冀还给他们起了一个称呼——“自卖人”。如此奢侈糜烂的生活，必然要耗费大量的金钱，梁冀敛财的办法是巧取豪夺。

当时有个富人叫孙奋，他家境富裕却很吝啬，梁冀向孙奋借钱5千万，但孙奋只肯借给他3千万，梁冀大怒，诬告孙奋的母亲做他守库的婢女时曾经有偷盗行为，官府把孙奋兄弟抓起来拷打，直至打死在狱中。孙奋1.7亿多的财物被没收，最后这些财物都落入了梁冀的腰包。如此行为，最后连皇帝都看不下去了。

梁冀所立的汉质帝只有8岁，但聪明异常。他看到梁冀独断专行、作威作福，心里很不舒服。有一天，汉质帝在朝堂上当着文武百官的面指着梁冀说：“此跋扈将军也。”梁冀又恨又怕，觉得将来汉质帝长大了，自己一定没有好下场，就派人在汉质帝的食物里下毒，汉质帝就此殒命。此后，梁冀又立了汉桓帝。汉桓帝也忌惮梁冀，于是借助宦官单超等人发动政变，梁冀被迫自杀，其亲信被杀或被免职的有数百人，朝堂几乎空无一人。而梁冀被抄没的财物价值30多亿。汉桓帝得到了一笔意外的财富，于是下令“减天下租税之半”。

外戚如此，宦官也一样。汉灵帝非常宠信张让、赵忠等宦官，曾经公然说："张常侍是我公，赵常侍是我母。"宦官依仗皇帝的宠信，无所忌惮，纷纷聚敛财富为自己营造豪宅，豪华程度可与皇宫相比。汉灵帝很喜欢在皇宫登高望远，宦官怕皇帝看见自己的宅子过于豪华，劝皇帝说："天子不应该登高，否则百姓就会散去。"汉灵帝竟然相信了。

东汉政治在宦官与外戚的恣意妄为中逐渐败坏，很多有良知和正义感的士大夫仗义执言，与朝中的邪恶势力做斗争，这引起了后者残酷的报复。

思维导图

东汉宦官与外戚的角力

公元25年，刘秀建立东汉

外戚和宦官交替专权

外戚专权：
外戚出自名门望族，家族成员身居高位；东汉自第四个皇帝开始，后面的皇帝都是未成年即位，需要母后临朝

宦官专权：
逐渐长大的小皇帝依靠从小陪伴自己长大的宦官，再联络被外戚集团冷落的大臣，发动政变，夺回政权，之后宦官被重用

外戚和宦官如何交替专权：
皇帝不仅年幼即位，且通常短命，因此一个青壮年时期的皇帝（宦官专权时）去世后，一个年幼的小皇帝即位（外戚专权时），形成外戚和宦官交替专权

危害：
朝廷上下结党营私、贪污腐化、骄奢淫逸之风盛行

发散思考

导致东汉出现外戚和宦官交替专权局面的原因是什么？

除了我们本章提到的一些具体原因，如皇帝年幼短命，你还知道其他原因吗？

第十章

是什么导致了『党锢之祸』

○东汉的政治舞台上除了宦官和外戚，还有另外一支不可忽视的力量，那就是通过正常途径获得官位、走上仕途的官僚士大夫。他们和宦官之间的拉锯战，便是『党锢之争』。

敲黑板

· 党锢之祸的原因、经过和结果

东汉的政治舞台上除了宦官和外戚，还有另外一支不可忽视的力量，那就是通过正常途径获得官位、走上仕途的官僚士大夫。宦官也好，外戚也罢，他们为了加强自己的权力，都想拉拢这批人。这些官僚士大夫中有一批不肯随波逐流、不肯趋炎附势的正直的人，他们不愿向黑暗势力特别是宦官妥协，更不愿与之合作。他们通过自己的方式表达对当时黑暗的政治环境

宦官和士大夫之争

的不满，甚至直接与宦官抗争，这不可避免地让他们遭到了宦官的打压和迫害，导致东汉出现“党锢（gù）之祸”。

什么是“党锢之祸”呢？简单地说，就是在东汉桓帝、灵帝在位期间，把持朝政的宦官集团打击、迫害那些不与他们合作的、有正义感的官僚士大夫和太学生。官僚士大夫处于和宦官斗争的第一线，而太学生则是他们的后援和后备力量。

太学是中国古代的最高学府。汉桓帝时，太学生已经超过了 3 万人。而汉桓帝、汉灵帝在位期间，由于皇帝年幼，政治混乱，宦官权力达到了顶峰。读书人不愿与宦官为伍，他们往往通过“清议”的方式来扬清激浊，臧否（zāngpǐ）人物，抨击政治。那些敢于和宦官做斗争的官员，都得到了他们极高的评价。比如李膺（yīng）被称为“天下楷模”，

白捡的知识

兴学和儒学

汉武帝于长安设置太学，又推广蜀郡的兴学措施，在各郡国建立学校。太学与郡国学以儒家思想为主要教学内容，儒家思想得到广泛传播，学生们深受儒家思想熏陶。他们学成之后，或入朝为官，或成为预备役官员，或在地方传播儒家学说。

清议、党人和“党锢之祸”

东汉后期政治腐败，一些正直的官员和士人不满现实，通过品评人物抨击时政，称“清议”；他们的反抗触犯了宦官的利益，这个群体被称为“党人”；他们遭到严厉镇压，史称“党锢之祸”。

东汉末期“清议”现象广泛出现。清议指东汉末期政治腐败，士大夫群体发起强大的舆论以品评人物、激浊扬清，著名的清议有许劭（shào）、许靖兄弟在汝南主持的“月旦评”。

陈蕃享有“不畏强御”的美誉。他们在社会上掌握话语权，对宦官势力产生了很大的震慑作用。值得一提的是，很多太学生学成后，经考试分等第录用，就正式成为官僚体系一员。汉桓帝在位时有个官员叫朱穆，他因为秉公执法得罪了宦官，被治罪贬官。当时太学生刘陶等数千人上书汉桓帝，要求赦免朱穆，汉桓帝迫于压力答应了。几年后，刘陶出任谏议大夫（对君主的过失进行规劝的官员）后依然本色不改，上书时直言不讳：天下大乱，皆由宦官。

在宦官看来，这些官僚士大夫和太学生实际上结成了“朋党”，所以他们称这些人为“党人”。在迫害“党人”时，宦官往往会禁止他们出任官职，还限制他们参与其他方面的活动，有“禁锢”的意味，所以这种行为被称为“党锢”。

大规模的“党锢之祸”一共发生过两次。

第一次“党锢之祸”发生于公元 166 年，起因和被称为“天下楷模”的李膺有关。李膺是当时士大夫的精神领袖，他为官清廉，刚直不阿，抨击弊政时无所顾忌，在读书人中有极高的威望。他因为两件事得罪了当时权倾朝野的大宦官张让。第一件事：张让有个弟弟叫张朔，是野王（今河南沁阳市）县令。他仗着自己哥哥的势力横行霸道，残害百姓，甚至杀死孕妇。李膺当时被任命为司隶校尉（监督京师及其附近地区的监察官），听说张朔的罪行后要治他的罪。张朔知道李膺不好惹，所以就跑回京师，躲在他哥哥张让的宅子里。然而李膺丝毫不畏惧张让的权势，带着部下闯进张让的宅子里抓走了张朔，审问之后立刻将其处死。张让向汉桓帝诉冤，汉桓帝就责问李膺为什么先斩后奏。李膺坦然说：“我上任仅 10 天，害怕因为办事迟缓造成过失，没想到却因为办案太快获罪。请您宽限我 5 天，等我把其他犯法的人都惩办了，再回来受刑。”汉桓帝也不好说什么，就对张让说：“这是你弟弟的错，李膺没有过失。”话虽如此，汉桓帝也对李膺产生了不满。其他宦官也都跟着煽风点火，说他们就连休假的时候都不敢出宫，汉桓帝问他们原因，他们一边磕头一边流泪说：“我们怕李膺。”

紧接着又发生了第二件事：当时洛阳有个术士叫张成，自称能看风向测吉凶，和宦官交往密切。他推算朝廷不久就要发布大赦令，于是让自己的孩子杀了一人。李膺立即抓捕犯人归案，之后朝廷果然颁布了大赦令。李膺非常愤怒，不顾大赦令，处决了犯人。这让宦官抓住了把柄，在他们支持下，张成弟子诬告李膺结交太学生和天下名士，结党营私，诽谤朝廷。汉桓帝大为震怒，命令在全国范围内抓捕“党人”，一时间，缉捕人犯的使者频繁出动，在道路上都可以相望。最后李膺等 200 多人被抓。到了第二年，因为有人出面营救，这些“党人”才被释放，但是永远不得为官。这就是第一次“党锢之祸”。

宦官觉得经过这次劫难，读书人应该老实了，没想到适得其反，全国的士大夫群情激奋。有个叫范滂（pāng）的“党人”出狱归乡，南阳士大夫自发出城迎接，出动车辆达几千辆。有个叫皇甫规的将军，因为自己没有被列入“党人”的名单，深以为耻，竟然上书要求朝廷按照“党人”的罪名处分自己。此时社会事实上形成了一个更加强劲的反抗宦官集团的力量，这些人虽然没有权力，但是自认为掌握着真理，也掌握着舆论，可以和他们心目中的邪恶势力进行斗争。这是宦官不能容忍的，于是，他们掀起了第二次迫害“党人”的高潮。

第一次“党锢之祸”后不久，汉桓帝去世了，继位的汉灵帝只有 12 岁，于是窦太后临朝，起用陈蕃为太傅，窦太后的父亲窦武以外戚的身份任大将军。窦武很想有一番作为，与陈蕃共谋诛除宦官，让被宦官弄得乌烟瘴气的朝廷重新振作起来。于是他们重新起用李膺等一批名士。这些人不断建议窦太后除掉宦官，但是窦太后犹豫不决，最后被宦官抢了先机。宦官发动政变，劫持了窦太后和汉灵帝，杀死了窦武和陈蕃，并借机诬告“党人”谋反，进而大肆镇压“党人”。这次的迫害比第一次的规模更大也更残酷，在狱中被害死的以李膺为首的著名“党人”就有 100 多人，受到牵连的还有六七百人。公元 172 年，宦官又借机逮捕太学生 1000 多人。公元 176 年，汉灵帝下诏州郡，凡“党人”的门生、故交及五服以内的亲属都免官禁锢。这就是第二次“党锢之祸”。

在这次迫害浪潮中，仍然出现了很多为了大义、名节将生死置之度外的人。当时有个官员叫景毅，他的儿子是李膺的学生，因为“党人”的名单遗漏了他的名字，所以他原本不会受到牵连，但是景毅说：“正是因为李膺是个贤人，我才把儿子托付给他。现在李膺遇难，我们也不能苟安。”所以他主动上书辞官。当时的人都认为景毅是个义人。还有个官员叫巴肃，他参与了窦武、陈蕃的密谋，也被捕入狱。县令对巴肃深表同情，解下印绶准备和他一起逃亡。但是巴肃说：“作为臣子，有政见不能隐瞒，有罪过不会逃避。我不隐瞒我的政见，也不能逃避刑罚。”于是巴肃被杀。还有一位叫张俭的“党人”，因为他打击过宦官势力，宦官对他恨之入骨，必欲除之而后快。张俭被迫在各地流亡，沿途所投靠的人家知道他是张俭，都不惜冒着家破人亡的危险收留他。晚清时期“戊戌六君子”之首的谭嗣同，在狱中曾写过一首绝命诗，第一句“望门投止思张俭”说的就是这个典故。

东汉朝廷对“党人”的禁锢持续了近 10 年，直到国家发生了更大的动乱，急需稳定人心、招揽人才，“党人”才被赦免。

思维导图

是什么导致了“党锢之祸”

党锢之祸：东汉桓帝、灵帝在位期间，把持朝政的宦官集团打击、迫害那些不与他们合作的、有正义感的官僚士大夫和太学生

两次重大的党锢之祸

- 当时士大夫的精神领袖李膺得罪了权倾朝野的大宦官张让，最后李膺等200多“党人”被抓。到了第二年，这些“党人”才被释放，但是永远不得为官
- 汉灵帝即位后，窦太后临朝，窦太后的父亲窦武和太傅陈蕃想重振朝纲，启用李膺等名士，除掉宦官，但被宦官抢先发动政变，窦武和陈蕃被宦官杀死，李膺为首的100多个“党人”被杀；公元172 年，宦官又借机逮捕太学生1000 多人；公元176 年，汉灵帝下诏州郡，凡“党人”的门生、故交及五服以内的亲属都免官禁锢

发散思考

你认为这些读书人和宦官发生冲突的原因是什么呢？

宦官为什么一定要置“党人”于死地呢？

第十一章 合久必分的汉末战乱

○《三国演义》开篇第一句话就是『话说天下大势，分久必合，合久必分』。东汉末年，在经历了400多年的统一后，中国又走到了『合久必分』的时刻，而引发这次大分裂的是一场大规模的农民起义——黄巾起义。继而，三国群雄陆续登场。

敲黑板

· 黄巾起义

· 豪强地主的崛起与地方割据局面的形成

很多人看过《三国演义》这部著名的历史演义小说。这部小说开篇的第一句话就是“话说天下大势，分久必合，合久必分”。这是我国古人总结出来的类似循环论的历史规律，从现象上看是有几分道理的。东汉末年，在经历了400多年的统一后，国家又走到了“合久必分”的时刻，而引发这次大分裂的是一场大规模的农民起义——黄巾起义。

东汉政治黑暗，无论是外戚还是宦官，一旦掌握了权力，必定会尽其所能搜刮民脂民膏，更不用说上边不着调的皇帝。东汉的桓帝和灵帝是历史上有名的昏君，他们不仅宠信宦官，而且奢侈荒淫。汉灵帝后宫的美女有数千人之多，每天的衣食费用高达数千金。如此浩大的开支从何而来呢？答案是卖官。他将朝中的重要官职明码标价，无论是想做官还是想升迁，都要出钱，职位越高价格越高。公开卖官鬻（yù）爵直接导致两个严重后果：第一，官员的素质急剧下降，因为他们不是通过正常途径选拔上来

卖官鬻爵

的；第二，这些官员花了一大笔钱财才得到自己想要的官位，上任之后一定会变本加厉地从民众身上把钱捞回来。沉重的赋税，严重的土地兼并，再加上频繁的自然灾害，导致大量农民变成流民，而流民运动在中国古代往往会成为社会大动荡的先声。在东汉，这场大动荡的开端就是黄巾起义。

黄巾起义的领袖是巨鹿（今

白捡的知识

骇人听闻的饥荒，其实在中国历史中并不罕见！

根据范晔《后汉书》卷七《孝桓帝纪》、卷八《孝灵帝纪》记载：

（汉桓帝永兴元年）秋七月，郡国三十二蝗。河水溢。

（汉桓帝永寿元年）二月，司隶（洛阳）、冀州饥，人相食。

（汉桓帝延熹九年）正月……比岁不登，民多饥穷，又有水旱疾疫之困。盗贼征发。

（汉桓帝延熹九年）三月……司隶（洛阳）、豫州饥死者什四五，至有灭户者……

（汉灵帝熹平二年）正月，大疫……

（汉灵帝熹平四年）夏四月，郡国七大水。

（汉灵帝熹平六年）夏四月，大旱，七州蝗。

由此可知，东汉后期，尤其是桓帝、灵帝时期，宦官外戚专权，政治腐败，又频繁发生水旱、蝗虫、地震、瘟疫等灾害，“盗贼征发”，引发人民反抗，酿成东汉末期农民大起义。

河北平乡县西南）的张氏三兄弟：张角、张梁和张宝。他们三人都是道教的信徒，创立了一种道教教派“太平道”，“太平道”主要在流民中传播。这些流民由于无依无靠，穷困潦倒，所以比较容易接受宗教。张角等人用画符念咒的方式给人治病，借此招收弟子，秘密宣传宗教，所以“太平道”的信徒越来越多，十多年时间，道众发展到几十万。张角把这些信徒组织起来，提出了一个口号：“苍天已死，黄天当立，岁在甲子，天下大吉。”其目的一方面是鼓励信徒推翻东汉的统治并取而代之，另一方面也是在约定的时间（甲子年，即公元 184 年）起义。这次起义与陈胜、吴广的大泽乡起义不同，是有组织、有计划、有准备的。但是由于叛徒告密，所以张角等人只能仓促起事，因起义军都头裹黄巾，所以被称为“黄巾军”。虽然起义声势浩大，但是东汉朝廷的动作也很快，他们宣布赦免“党人”，并且发天下精兵镇压黄巾军。起事后不久，张角就病死了，张梁和张宝也相继战死，这场大规模的起义仅仅 9 个月就失败了。

虽然黄巾起义失败了，但东汉朝廷的好日子也到头了。因为在镇压这次起义的过程中，有一支原本就很强大的力量迅速膨胀，使得东汉的统治名存实亡。这支力量就是豪强地主。豪强地主指的是在经济上占有大量土地，同时在政治上又有很高地位的人，即同时具有大地主和大官僚身份的人。汉光武帝刘秀在夺取政权的过程中，主要依靠的就是这部分人的支持。所以东汉一朝，豪强地主的势力因为得到了政权的保护，发展得很快。黄巾起义爆发后，这些人和官军联合起来镇压黄巾军，这样一来，他们的力量就名正言顺地壮大了。黄巾起义失败之后，这些人尾大不掉，东汉朝廷再也无法控制他们，这些豪强地主制造了比黄巾起义更加严重的混乱和灾难。

事情还要从外戚和宦官的争斗说起。公元 189 年，卖官鬻爵的汉灵帝去世，他 14 岁的儿子刘辩继位。当时主政的大将军何进很忌惮宦官的势力，但是又没有好办法。中军校尉袁绍给他出主意，让他召手握精兵猛将的并州牧董卓入京，帮他诛杀宦官。何进依计而行，但是由于计划泄露，自己反为宦官所杀，袁绍等人借机带兵进宫，几乎把宦官斩尽杀绝。此时董卓也率军进入洛阳。他依仗自己兵精将猛，独断专行，废掉了刘辩，改立汉灵帝的另外一个儿子刘协为帝，这就是东汉的末代皇帝汉献帝。董卓则官迁太尉，后来又做了相国，完全把持了朝政。我们都知道后来曹操“挟天子以令诸侯”，其实，开军阀依靠武力控制朝政先例的是董卓。

董卓为人非常残暴，他用高压手段控制其他大臣，其他大臣稍有不从就会招来杀身之祸。董卓纵容手下士兵以讨贼为名对洛阳附近的民众进行抢劫和杀戮，洛阳全城笼罩在恐怖气氛之下。当时有很多官员和豪强地主起兵讨伐董卓，董卓的大本营在西北，在洛阳根基不稳，他就强迫汉献帝迁都长安。他命令洛阳的众多人口都要迁往长安，民众扶老携幼，长途跋涉，无衣无食，又有盗贼抢夺，因而从洛阳到长安的一路上布满了民众的尸体。董卓离开的时候，把洛阳方圆百里内的宫殿、官府、民宅全部烧毁，还派人发掘东汉的皇陵劫夺宝物。作为东方文明中心的洛阳因此变得残破不堪。

到长安之后，董卓觉得回到了自己的地盘，更加横行霸道、无所顾忌。他在郿（méi）（今陕西眉县东北）修建了一座堡垒，叫郿坞，那里的城墙和长安的城墙一样高。他在郿坞囤积了 30 年的粮食，自称平定关东之后可以雄踞天下，失败了也可以在这里终老。他的残暴让大家人人自危，后来以王允、吕布为首的大臣杀掉了董卓。听到董卓的死讯，士兵们高呼万岁，百姓在路上载歌载舞，很多人卖掉自己的财物买酒肉庆贺。

但是董卓的死并没有带来安定，他的部将李傕（jué）、郭汜（sì）起兵作乱，攻陷长安并在长安城里大肆杀掠。两年后，东汉遭逢大旱，长安城中物价特别是粮价腾贵，饥荒严重，到了人吃人的地步。汉献帝命令手下把国家仓库里的粮食拿出来赈济百姓，但是这些粮食大部分被官员贪污了。后来，李傕和郭汜争权夺利，矛盾激化，两人率兵相攻，长安城几乎变成一片废墟。不久，汉献帝在一些大臣的保护下冒险返回洛阳。沿途饥寒交迫，又有叛军追杀，汉献帝经常住在荒废的、荆棘丛生的民房里，有时房子甚至都没有门窗。他和大臣商议事情的时候，守卫的士兵趴在墙头上看热闹，九五之尊的天子沦落到这步田地，令人唏嘘。汉献帝历经千辛万苦才回到洛阳，可是洛阳早就被董卓烧成一片废墟，别说宫殿，连一栋完整的房屋都难找到。汉献帝只好住在宦官的旧屋里，大臣们每天都要到郊外去挖野菜，这期间有的大臣饿死了，有的大臣为乱兵所杀。堂堂的大汉朝廷，威风扫地，颜面尽失。

朝廷无力控制国家局势，那些在镇压黄巾起义和讨伐董卓时势力大涨的豪强地主们纷纷割据一方，互相攻伐，争夺地盘。公元 196 年以前，势力比较大的豪强地主有占据辽东的公孙度，占据幽州的公孙瓒，占据冀州、青州和并州的袁绍，占据一部分江东的孙策，占据荆州大部分的刘表，占据一部分扬州的袁术，占据汉中的张鲁等。这些集团之间战争不断，百姓或被强征入伍替这些豪强在战场上卖命，或流离失所、啼饥号寒。

东汉末年文坛上有著名的“建安七子”，他们为我们留下了很多记载当时惨状的诗篇。以王粲（càn）为例，他为了躲避长安的战乱逃去南方，沿途看到的情景是“出门无所见，白骨蔽平原”，最令人动容的是“路有饥妇人，抱子弃草间。顾闻号泣声，挥涕独不还”。母亲为什么如此狠心抛弃自己的孩子呢？“未知身死处，何能两相完？”看到这样的惨剧，王粲只能“驱马弃之去，不忍听此言”。这是何等的生离死别！

屋漏偏逢连夜雨，东汉末年不仅战乱不休，还经常发生严重的瘟疫。“建安七子”中的陈琳、刘桢、徐幹（gàn）、应玚（yáng）和王粲竟然都是在公元 217 年死于瘟疫。

人祸加天灾，导致人口数量大减，很多资料上都有“十有一存”的记载。用曹操的诗来形容就是：“铠甲生虮（jǐ）虱，万姓以死亡。白骨露于野，千里无鸡鸣。生民百遗一，念之断人肠。”

“白骨露于野，千里无鸡鸣”的惨状

思维导图

合久必分的汉末战乱

- 黄巾起义
  - 领袖：
    张角、张梁、张宝三兄弟
  - 口号：
    苍天已死，黄天当立，岁在甲子，天下大吉
  - 公元184年仓促起义，被东汉朝廷发精兵镇压，历时9个月以失败告终
- 董卓“挟天子以令诸侯”
  - 董卓率军进入洛阳，废皇帝刘辨，改立汉献帝刘协；董卓为人残暴，用高压手段控制其他大臣；迁都长安，焚烧洛阳；最后被王充、吕布等大臣杀死
- 豪强地主割据一方，互相攻伐，争夺地盘

发散思考

究竟是什么导致了这样的局面？

真的是“分久必合，合久必分”的历史周期律在起作用吗？

你认为发生这一切的原因是什么？

第十二章

曹操为何能战胜袁绍

〇在群雄逐鹿的大乱世中，一个原本不太强大的集团悄然兴起，成为举足轻重的力量。这个集团的首领就是曹操。

敲黑板

· 曹操的崛起
· 官渡之战

在镇压黄巾起义和讨伐董卓的过程中，很多豪强地主乘机扩大自己的势力，形成了割据一方、互相攻伐的局面。

在群雄逐鹿的大乱世中，一个原本不太强大的集团悄然兴起，成为举足轻重的力量。这个集团的首领就是曹操。

曹操是沛国谯（qiáo）县（今安徽亳（bó）州市）人。他的父亲曹嵩（sōng）被过继给一个姓曹的宦官做养子，曾经官至太尉。曹操从小就很机敏，善于随机应变，不拘小节。当时有个叫许劭的人非常善于品评人物，曹操问他：“你看我是怎样的人？”许劭回答：“治世之能臣，乱世之奸雄。”后来天下大乱，曹操镇压过黄巾起义，也曾经散尽家财，招募壮士讨伐董卓。

在几年的时间里，曹操相继击败北方诸势力，占据了兖（gǔn）州和豫州，即今天的山东西部和河南的大部分地区。

短短几年时间，曹操就战胜了几支强大的割据势力，雄霸一方，其中有什么奥秘吗？

事实证明，在曹操崛起的过程中，他所采取的三方面措施起到了至关重要的作用。

第一，“奉天子以令不臣”。在东汉末年的大乱中，虽然汉朝皇帝威风扫地，但毕竟“刘”家已经掌握天下几百年了，很多人形成了“皇帝就该姓刘，否则就是篡逆”的正统观念。所以无论是董卓，还是董卓手下的李傕、郭汜，都想把“刘”姓天子攥在手里。曹操很清楚这一点。当时汉献帝和大臣们历经千辛万苦从长安逃回洛阳，可是洛阳已成焦土，他们连吃饭都成问题。曹操非常敏锐地抓住了这个时机，在公元 196 年把汉献帝迎接到他控制范围内的许（今河南许昌市东）。从此，汉献帝成为曹操的“掌中物”，曹操可以名正言顺地以皇帝的名义号令天下，为自己赢得政治上的巨大优势。

第二，“修耕植，蓄军资”。当时中原地区经过战乱，经济极其萧条，城市变成废墟，田园一片荒芜，粮食极度短缺，人吃人的事情经常发生。很多武装割据力量皆因缺粮而土崩瓦解，袁绍的军队甚至曾经以桑椹为食。曹操也曾吃过军粮不足的苦。有一次，他和吕布作战，双方都因为相持日久而军粮耗尽，不能再战，只好暂时撤军。正所谓“兵马未动，粮草先行”，为了解决军粮供应问题，曹操在迎接汉献帝的同年，就开始招募流民在许附近屯田，后来又在自己管辖的地区设置屯田官，专门负责粮食生产，从此，曹操的军队四处征伐，再也没有出现粮食供应不足的问题。

第三，“唯才是举”。汉朝以儒家的道德标准来选拔官员，后来还特别重视门第和出身。曹操深感人才的重要，认为单纯以道德为标准选拔官员有很大的局限性，而且曹操出身于下层豪强，对门第看得很轻。他特意下令，要“唯才是举”，即强调才干而不必对人才求全责备。他认为，有德行的人未必能进取，能进取的人未必有德行，不能因为这个人有问题就不用他。他特意要求把那些名声不好甚至不仁不孝但是有治国用兵才干的人选拔出来，所以当时很多人才都投奔于他。他的手下既有出身于世家大族的，也有出身贫贱的；既有从他起兵就追随他的，也有很多叛将、降将。这样一来，他招揽的人才比其他任何割据势力都多。

曹操势力的迅速发展，使他早晚要和当时最强大的袁绍集团兵戎相见。其实，早年袁绍和曹操是朋友，两人也曾志同道合，共同讨伐董卓。但是袁绍和曹操是完全不同的两种人。袁绍出身名门，他的高祖父袁安曾官至司徒，自袁安始，袁氏四代有五人位居三公，其家族因此被称为“四世三公”。袁氏门生故吏遍天下，很多高官都出自袁家。袁绍相貌堂堂，而且有礼贤下士的名声，所以在官僚士大夫中很有威望。董卓作乱的时候，各路豪强讨伐董卓，都推举袁绍做盟军的统帅。后来，袁绍凭借自己的强大实力，占据了冀州、青州、并州、幽州（这四个地方相当于今辽宁西部、河北、山西、山东胶东地区和河南北部），成为当时最强大的割据集团。

按理说，在和曹操的竞争中，袁绍是处于上风的。但是曹操并不惧怕袁绍，他对袁绍的评价是“志大而智小，色厉而胆薄”，意思是袁绍的志向很大但是智谋不足，外表严厉其实胆子很小。这个评价确实入木三分。下面的例子可以印证这个评价。

汉献帝刚逃到洛阳的时候，袁绍的谋士沮（jū）授建议袁绍先下手为强，把皇帝迎接到他的统治中心邺（yè）（今河北临漳县西南邺镇东）加以控制，但在郭图与淳于琼的劝说下，袁绍没有听从沮授的建议，结果汉献帝被曹操迎走了。等曹操借着汉献帝的名义开始对各地诸侯发号施令、声望大涨时，袁绍后悔了，他竟然要求曹操把都城迁到鄄（juàn）城（今山东鄄城县北旧城），因为这里离袁绍的统治地区比较近，便于袁绍控制。结果曹操一口回绝了袁绍，袁绍自讨没趣。这件事情证明袁绍确实缺乏远见，否则，“挟天子以令诸侯”的就是袁绍而不是曹操了。袁绍本就实力强大，如果再加上以天子名义发号施令的政治优势，必定如虎添翼。

公元 200 年，原先依附于曹操的刘备反叛曹操，占据徐州。曹操出兵讨伐刘备，有人担心袁绍会乘虚而入，从背后攻击曹操。曹操说：“刘备是人杰，如果今天不去攻打他，必成后患。而袁绍虽然志向很大，但‘见事迟’，肯定不会来攻打我们。”而这时，袁绍的谋士田丰劝说袁绍从背后袭击曹操，袁绍竟然以幼子有病为由拒绝出兵，把田丰急得用手杖击地说：“这样大好的时机，竟然因为婴儿得病而失去，太可惜了！”于是曹操得以从容讨伐刘备，再回头对付袁绍。

曹操击败刘备后，袁绍终于意识到曹操的威胁，在同年发重兵攻打曹操。袁绍派大将颜良为前锋，沮授劝袁绍：颜良虽然骁勇，但是性格褊（biǎn）狭急躁，不能独当一面。袁绍不听，曹操遂利用对手骄横轻敌的弱点，连破袁军两阵，接连斩杀袁绍大将颜良、文丑。随后，两军在官渡（今河南中牟县东北）展开最后决战。这时，沮授再一次向袁绍建议：袁军士兵虽多但是不如曹军强悍，曹军的弱点是军粮不足，所以曹军利于速战，袁军应该缓战，旷日持久，拖垮对方。但是袁绍急于获胜，再次拒绝了沮授的建议。袁绍为了迅速战胜曹操，使用了很多办法。比如，他在曹军营垒外挖地道，想奇袭曹军，然而曹军在营垒内挖长壕，袁绍未能得逞；他还在曹军营垒外堆起很高的土山，居高临下向曹军营垒内射箭，然而曹军在营中都用盾牌防护，还制作发石车，用石头攻击土山上的袁军，于是袁绍这一招也失败了。

曹军人数不占优势，而且伤亡很大，所以曹操就想撤军回许。曹操的谋士荀彧（yù）说："这是敌我两军的决战，如果不能抓住这个机会战胜袁绍，一定会被他控制。袁绍虽然手下有不少能人，但是他不会用人，所以我军一定会获胜。"因此曹操打消了撤军的念头，寻找克敌制胜的办法。他先截击袁军的运粮车队，烧掉袁军数千辆辎（zī）重车，随后又亲自率领精锐部队，在乌巢泽（今河南延津县东南、封丘县西）烧掉袁军 1 万多车军粮。袁军大乱，军心不稳，袁绍派去攻打曹军大营的名将张郃（hé）也投降了曹操。至此，袁绍败局已定，曹军乘胜追击，袁绍逃回河北，官渡之战以曹军的胜利而告终。战后不久，袁绍去世，袁氏集团瓦解，曹操基本统一了北方。

思维导图

曹操为何能战胜袁绍

- 奉天子以令不臣
  - 在公元196 年把汉献帝迎接到他控制范围内的许，名正言顺地以皇帝的名义号令天下
- 修耕植，蓄军资
  - 招募流民在许附近屯田；在自己管辖的地区设置屯田官，专门负责粮食生产
- 唯才是举
  - 强调才干而不必对人才求全责备

发散思考

曹操是中国历史上少见的全能型人才。然而，世人对他的评价却不太好，在京剧舞台上，曹操的形象是代表奸诈的白脸形象。这是为什么呢？

第十三章 赤壁之战以少胜多的原因是什么

○中国历史上曾经发生过一场著名的战役，这场战役无论是在军事上、政治上，还是文学上都占有极其重要的地位。从军事上说，这是一场以少胜多、出奇制胜的战役；从政治上说，它奠定了此后半个多世纪的政治格局；从文学上说，文人为它留下了很多脍炙人口的诗句，如杜牧的『东风不与周郎便，铜雀春深锁二乔』，苏轼的『大江东去，浪淘尽，千古风流人物』，辛弃疾的『千古江山，英雄无觅，孙仲谋处』。这就是发生在公元 208 年的赤壁之战。

中国历史上曾经发生过一场著名的战役，这场战役无论是在军事上、政治上，还是文学上都占有极其重要的地位。从军事上说，这是一场以少胜多、出奇制胜的战役；从政治上说，它奠定了此后半个多世纪的政治格局；从文学上说，因为它非常富有戏剧性，所以文人墨客们反复吟诵凭吊，留下了很多脍炙人口的诗句，如杜牧的“东风不与周郎便，铜雀春深锁二乔”，苏轼的“大江东去，浪淘尽，千古风流人物”，辛弃疾的“千古江山，英雄无觅，孙仲谋处”。后来罗贯中还把这场战役写进了小说《三国演义》，其中和它有关的一些典故，如“舌战群儒”“草船借箭”“蒋干盗书”“苦肉计”等，几乎在我国家喻户晓。

这场战役就是发生在公元 208 年的赤壁之战。

公元 208 年，曹操在基本统一北方之后，发重兵南下，他的目标从表面上看是占据荆州（今湖南、湖北大部分地区）的刘表。刘表是东汉末年的名士，在“党锢之祸”中也是名人，所以在读书人中很有威望，后来做了荆州刺史。因为北方战乱，南方相对安定，所以很多人为了避乱来到荆州，刘表也因此网罗了不少人才，手下有 10 多万人马。刘表相貌俊朗，举止儒雅，但是内心多疑，而且没有大志向。曹操其实很看不起刘表，他曾说："我攻打吕布和袁绍的时候，刘表都不来攻击我。此自守之贼也。"

既然曹操看不起刘表，为什么还要兴师动众地去攻打他呢？这一方面是为了统一全国；另一方面，曹操其实醉翁之意不在酒，他真正忌惮的，是当时投靠刘表的刘备和雄踞江东的孙权。

刘备，涿郡涿县（今河北涿州市）人，是西汉中山靖王刘胜（汉武帝刘彻异母哥哥）的后代。东汉末年天下大乱，汉朝皇帝威风扫地，刘备依靠商人的资助起兵，想有一番作为，重新振兴汉室。但他时运不济，多年来南征北战，败多胜少，甚至连自己的根据地也没有，先后依附于公孙瓒（zàn）、陶谦、曹操和袁绍，后来又投奔刘表。刘表表面上对刘备客气，但是他知道刘备志向远大，而且才干远胜于自己，所以不敢重用刘备，生怕刘备反客为主。刘备在荆州几年，最大的收获是得到了一位杰出人才——诸葛亮。诸葛亮后来对刘备割据势力的崛起居功至伟。

孙权是吴郡富春（今浙江杭州市富阳区）人。在他之前，孙氏家族已经在江东经营了两代，他的父亲孙坚原来是袁术的部下，父亲死后其兄长孙策率领部下继续发展势力。孙策后来被仇人刺杀，孙权继承基业。孙权多方招揽人才，获得当地豪族支持，手下人才济济。

曹操在统一中原之后，想要一鼓作气统一天下，必须要迈过刘备和孙权这两道坎，所以一场大战在所难免。

曹操大军还没到荆州，刘表就病死了，他的儿子刘琮（cóng）

投降了曹操。刘备当时在樊城（今湖北襄樊市），听说曹军逼近，刘琮投降，刘备根本没有力量对抗曹军，只好带部众向南退去。刘备让大将关羽带着水军乘船从汉水南下，在江陵（今湖北荆州市）接应他们。江陵囤积了大量的粮食和武器，曹操唯恐刘备抢先，就亲自率领5000精锐骑兵，日夜兼程，拼命追赶刘备，最后在当阳长坂（bǎn）（今湖北当阳市东北）追上刘备，刘备丢掉人马和辎重，只带着诸葛亮、张飞、赵云等数十人落荒而逃，最后和关羽的水军会合，逃到夏口（今湖北武汉市），这才算脱险。

孙权派鲁肃去荆州打探消息，鲁肃到达后，发现刘琮已经投降，刘备也已向南撤退。鲁肃决定直接去见刘备，见到刘备之后，就劝刘备与孙权合力拒曹。刘备非常高兴，派诸葛亮跟随鲁肃回江东去联络孙权。诸葛亮知道孙权对曹操心存忌惮，又对刘备的实力没有把握，就故意使用激将法，对孙权说："现在将军应该早做打算，如果将军能和曹操抗衡，就趁早和他绝交；否则，干脆投降。"孙权当然不愿意听到这种话，就问诸葛亮："那刘备为什么不投降曹操呢？"诸葛亮说："我主是皇室后代，英才盖世，众人仰慕，怎么可能投降呢？"孙权大怒，说："我坐拥全吴之地，十万之众，怎能受制于人！"孙权想联合刘备抵抗曹操，又担心刘备新败，不能担此重任。诸葛亮看到激将法奏效了，就进一步向孙权分析形势，指出曹军远道而来，犹如强弩之末，只要孙刘两家同心协力，就一定可以打败曹操，与曹操三足鼎立。孙权下定决心应战，于是召集江东的文臣武将商议此事。正在这时，曹操派人给孙权送来书信，信中说道："今治水军八十万众，方与将军会猎于吴。"孙权将书信给部属们看，众人吓得脸色都变了，都认为应该投降曹操。

但鲁肃却说："我鲁肃可以投降，您不可以。我投降后还能做一个州郡的官员，您要是投降了，最后会是什么下场呢？"周瑜也替孙权分析形势：曹操在北方的统治并不稳固，他的军队虽然号称80万，其实南下的兵力不过十五六万，而且北军不习水战，水土不服。虽然荆州刘表的军队有七八万人投降了曹操，但是曹操并不信任他们，这会导致军心涣散。曹军虽然人马数量多，但是有许多弱点，并不可怕，只要您给我3万精兵，我就一定可以战胜曹操。孙权听后，拔刀砍向面前的桌案，说："谁敢再说投降曹操，下场就和这张桌子一样！"于是便任命周瑜、程普为左右都督，率军在赤壁迎战曹军。

当时双方兵力确实比较悬殊，吴军只有3万，即便加上刘备的军队也不过5万人左右。但是，吴军是老练的水师，战

白捡的知识

赤壁之战的地点在哪里

关于赤壁之战的地点，众说纷纭。南宋王象之的《舆地纪胜》记载有汉阳、武昌等5处。明末清初顾祖禹的《读史方舆纪要》也记有汉阳、嘉鱼等5处。李白、杜牧、苏轼等人诗中写的是黄州（今湖北黄冈）。后人经过考订，认为赤壁之战发生地在今湖北嘉鱼的可能性最大。

赤壁之战的规模究竟多大

史学界历来认为赤壁之战中，孙刘联军以5万之众击溃曹操号称80万、实际20多万的大军，是以少胜多的典型战例。

从20世纪50年代开始，有些学者对赤壁之战提出质疑。

一些学者认为，当时曹操大军还未集结，这只是一场发生在曹操5000人前锋军和孙刘5万联军间的遭遇战，曹操因寡不敌众，吃了败仗。

另一些学者认为，水战是这场战役的关键，就训练有素的水军而言，孙刘联军多于曹军，所以这不算是以少胜多的著名战例。

多数人认为，根据史籍记载和相关史实，到赤壁之战爆发之时，曹操集结20多万军队完全有可能。

斗力强悍。曹军虽然有 20 万之众，但是正像周瑜等人所预料的那样，北方人不适应南方的气候，还没有开战，曹军军中已经开始出现疾病，所以军队的战斗力和士气都很受影响。两军初战，曹军就吃了败仗。曹操把军队撤到长江北岸，和孙刘联军隔江相对。周瑜的部将黄盖对周瑜说："如今敌众我寡，我军利于速战，不能持久。曹军战船首尾相接，我们可以用火攻。"于是，黄盖先派人给曹操送信，谎称要投降曹操，使其放松警惕。同时，吴军准备了 10 艘战船，在船上装满柴草和油脂。等到总攻的那一天，吴军又在大船的后边准备了很多小船，准备突袭曹军。

曹军听说东吴名将来降，都在船上伸头围观，疏于防范。等到船只接近曹军战船时，黄盖命令各船点火，冲向曹军。当时风势非常猛，不仅曹军的战船被点燃，就连陆地上的营垒都着了火，浓烟蔽日，火光冲天。曹军大败，人马被烧死、淹死的极多，混乱之中溃不成军。曹操率残部从华容（今湖北潜江西南）败逃，沿途遭到刘备军队的袭击，又遇大雨，道路泥泞不堪，士兵自相践踏，死者甚多。曹操不敢再战，被迫退回北方。

赤壁之战后，曹操再不敢轻易南下，便转而经营关中地区，击败了反叛的韩遂、马超等人，彻底统一了北方。孙权在江东的势力得到进一步巩固。刘备占领了荆州的大部分地区，真正拥有了自己的地盘，后来又夺取益州和汉中。于是，天下形成三国鼎立的局面。

思维导图

赤壁之战以少胜多的原因是什么

- **战前形势**：曹操基本统一北方，刘备占据荆州，孙权雄踞江东
- **战略部署**：孙权、刘备结盟，联合抗曹
- **战斗结果**：孙刘联军5万人打败了曹军20万大军，使曹操不敢轻易南下；三国鼎立局面形成
- **赤壁之战以少胜多的原因**：孙权、刘备联合作战；孙刘联军战斗力强悍，曹军虽多，但水土不服，战斗力和士气都受到影响；曹军战船相连，联军采用火攻战术，击溃曹军

发散思考

一场赤壁鏖（áo）兵，为后代留下了很多值得思考的问题。通过以上对赤壁之战的叙述，特别是战前诸葛亮、周瑜等人对形势的分析，你认为孙刘联军以少胜多的原因有哪些？其中最主要的原因是什么呢？

第十四章

成就『三国鼎立』局面的关键人物有哪些

○《三国演义》『尊刘抑曹』，把刘备战队作为主角，曹操战队则是第一大反派；《三国志》则正好相反，以曹魏为正统，其他两国所占的分量比较轻。在这两部书里吴国都是配角儿。但是，三国鼎立，缺一不可。本章中，让我们从吴国的角度来看一看哪些人物对三国鼎立局面的形式贡献显著。

敲黑板

成就“三国鼎立”局面的关键人物

在中国，三国时期发生了很多家喻户晓的故事，这主要得益于罗贯中的小说《三国演义》。在史学方面，这个时期最重要的著作是陈寿的《三国志》。但是这两部书都有明显的局限性。比如，《三国演义》的指导思想明显是“尊刘抑曹”，即仍然采用正统的王朝观念，把刘备集团看作汉朝的正宗传人，而曹操集团则是篡权叛逆的奸臣；《三国志》则正好相反，这部书以曹魏为正统，其他两国所占的分量比较轻。这两部书造成的共同后果是容易使我们把目光投向蜀汉和曹魏而忽视吴国，觉得吴国似乎是无足轻重的。其实，三国鼎立，缺一不可。而且，吴国有一些重要人物，对于三国鼎立局面的形成起到了不可或缺的作用。下面我们从吴国的角度来看一看这些人物所起的作用。

第一个人是鲁肃。看过《三国演义》的人对鲁肃的印象一般是：老好人，忠厚老实，温和谦逊，在所有重大事件中，他扮演的都是默默无闻的配角。其实，历史上真实的鲁肃并非如此。鲁肃是东汉末年临淮东城（今安徽定远县东南）人，虽不是世家大族出身，但家境富足。鲁肃年轻时热衷于击剑骑射，结交豪杰，仗义疏财。同乡父老都说：“出了这么一个‘狂儿’，鲁家要败落了。”后来周瑜在附近做官，曾慕名拜访鲁肃，想请他资助粮食。当时鲁家有两座粮仓，每座粮仓中有3000斛米。鲁肃毫不犹豫地把其中一座粮仓送给了周瑜。从此，鲁肃和周瑜成为莫逆之交，周瑜也顺理成章地把鲁肃推荐给孙权。

鲁肃见到孙权后，两人谈得非常投机。鲁肃向孙权分析当前的形势：“如今汉室复兴已经不可能了，而曹操的势力又过于强大，无法改变。所以，您现在只能立足于江东，静观天下时局变化，以图消灭刘表，夺取荆州，成就霸业。”这番话言简意赅，把当时的形势分析得非常透彻。我们都知道著

白捡的知识

什么人是吴国的掌权派

吴国以江南立足，汉末中原战乱，北方普通居民纷纷南下，他们与江南本土居民共同构成了吴国的普通居民。

而就世家大族而言，吴国政权实际是在流寓至江南的江北世族与江南本地的世族的共同帮助下建立起来的。吴国后期时，江南世族在“复客制”（国家允许官僚大族所占有的佃客免除赋役）等政策下迅速发展，成为吴国政权的主要支柱，也对南朝诸政权的建立有较大影响。

名的《隆中对》，它是诸葛亮为刘备分析天下局势而提出的战略构想。而鲁肃的这番话则比《隆中对》早得多。所谓“英雄所见略同”，诸葛亮和鲁肃的看法完全相同，只不过鲁肃是站在孙权的立场上来谋划的，而诸葛亮是站在刘备的立场上考虑的，这在当时都是切合实际、高明的战略分析。从这个意义上说，鲁肃的战略眼光是可以和诸葛亮相提并论的。

后来刘表病死，曹操南下，对江东构成严重的威胁。鲁肃清醒地认识到，刘备是孙权必须联合的力量。所以他不顾刘备当时正处于穷途末路的窘态，力劝孙权派自己出使刘备势力，又陪诸葛亮会见孙权，还和周瑜共同劝说孙权，力排众议，让孙权联合刘备抗击曹操。可以说，鲁肃是促成孙刘联盟，和孙刘联盟最终在赤壁之战中战胜曹操的关键人物，他发挥的作用要远远超过诸葛亮。

鲁肃

赤壁之战后，荆州地区成为三方势力争夺的焦点。荆州位于中国的中心，联结东西南北的水陆交通要道，历来是兵家必争之地。当时荆州一共下辖 7 个郡，曹操占领了北部的南阳郡、江夏郡北边小部，孙权占领了中部长江沿岸的南郡和江夏郡其余大部，刘备占领了南部的 4 个郡。但是刘备占领的地区人烟稀少、经济落后，所以他必须向西边的益州（今四川盆地和汉中盆地一带）发展，而被孙权占领的南郡是通往益州的门户，刘备必须以南郡为踏板才能进入益州，所以他请求孙权把南郡借给他，等取得益州以后再还。当时包括周瑜在内的将领都反对出借南郡，因为江东势力也想利用南郡发展自己的力量，如果把南郡借给刘备，就等于壮大了别人的力量，况且谁能保证刘备将来一定会归还南郡呢？但是鲁肃又一次提出了与众不同的意见，他认为现在最主要的敌人是曹操，所以孙刘同盟不能瓦解，否则就会被曹操各个击破，因此决不能因小失大。周瑜死后，鲁肃接替了他的位置，很快就把南郡的支配权借给了刘备。这是一个需要很大勇气才能做出的决定，鲁肃在世时，一直小心翼翼地维护孙刘联盟，这使北方的曹操无机可乘。所以鲁肃堪称造就三国鼎立局面的关键人物之一。

但在鲁肃死后，局势发生了变化。刘备在接连占领益州和汉中之后，以荆州为基地，派大将关羽向北大举进攻曹操。关羽一举拿下了襄阳，围困樊城，曹操甚至开始考虑迁都以避关羽的锋芒。但此时关羽的“后院”却着火了。鲁肃死后，孙权命令鲁肃的继任者吕蒙夺回荆州，赶走刘备势力。吕蒙趁着关羽后方空虚之机，一举占领江陵，杀掉了关羽，这导致孙刘联盟处于事实上的破裂状态。

荆州对于刘备来说非常重要。它既是益州的门户，也是刘备进军中原的前哨阵地，进可攻退可守，刘备无论如何也不能丢掉荆州。公元 220 年，曹操的儿子曹丕废掉汉献帝，建立了以“魏”

为国号的政权。刘备也在公元 221 年称帝，继续使用“汉”的国号，我们习惯称其为“蜀汉”。刘备称帝后不久，他亲自率领大军东征孙权，意图夺回荆州，甚至想在夺回荆州后乘胜一举灭掉江东势力。刘备手下很多人都劝阻他出兵，那些人认为当时的大敌仍然是曹丕而不是孙权。孙权也认为自己为夺取荆州而杀害关羽的做法不妥，就派人前来求和，但被刘备断然拒绝。刘备的大军出师顺利，很快占领了秭（zǐ）归和夷陵（今湖北宜昌市东南），控制了长江两岸。

眼看刘备来势汹汹，势如破竹，孙权在求和失败的情况下，不得不采取军事措施来应对刘备。这时，对三国鼎立局面起重要作用的第二个人出场了，他就是陆逊。

陆逊是吴郡吴县（今江苏苏州市）人，出身江东士族。陆逊为人机敏，多谋善断。他是吕蒙夺取荆州时的得力智囊和助手。为了应对刘备，孙权任命陆逊为大都督，率军 5 万迎战。当时陆逊手下很多将领都是东吴的旧将，有的甚至是早年跟随孙坚、孙策厮杀疆场的。他们一看陆逊年纪轻轻、资历平平，都很不服气。陆逊对众将说：“我虽然是一个书生，但是主上还是任命了我，就是看中了我能够忍辱负重的气魄。希望大家各守职责，不可违犯军令。”大家虽然嘴上不说，但心里对陆逊却是怀疑的。眼看刘备大军日渐深入，大家都觉得应该迅速与刘备决战。但是陆逊却下令坚守不出。刘备命令部下在平地建立营垒，想引诱吴军出战。吴军很多将领请战，但是陆逊说：“此事必有蹊跷。”所以吴军一直没有出战，刘备只好撤出埋伏在山谷中的 8000 精锐伏兵。大家知道后，才对陆逊有了一些尊敬。

由于战事久拖不决，蜀军士兵十分疲惫，士气开始涣散。于是刘备下令在长江南岸沿江 400 里连续扎下 40 多座营寨，做持久战的打算。这时，陆逊觉得机会来临，下令对蜀军发动进攻。众将都觉得很奇怪，说：“应该早些发动进攻，现在刘备已经进军五六百里之多，相持了七八个月，他们的营寨已经非常坚固了，这时进攻肯定不会成功。”但是陆逊却说：“刘备久经战阵，他的军队初来乍到时锐气正盛，不能与其作战。现在他们兵锋已挫，可以战胜他们了。”于是陆逊命令士兵每人手持一把茅草，火攻蜀军营垒，吴军连续攻破蜀军 40 多座营垒。蜀军大败，死者万数，长江江面上漂满了蜀军的尸体，刘备几乎将所有的辎重器械全部丢弃，狼狈逃到白帝城（今重庆奉节县东白帝山上），才算脱了险。刘备戎马一生，竟然败给陆逊这样一个白面书生，又羞又恼，说：“我居然被陆逊折辱，这难道是天意吗？”

在夷陵之战中，陆逊的智慧和从容部署使吴军得以战胜蜀军。此后，吴蜀双方都以很大的诚意来修复关系，重新结成坚固的同盟以对抗曹魏。陆逊对三国鼎立局面的形成起到不可或缺的作用。从此三国鼎立得以常态化，持续了约 40 年的时间。

陆逊

思维导图

成就“三国鼎立”局面的关键人物有哪些

- **鲁肃**
  - 为孙权透彻地分析当时的形势；赤壁之战时，极力劝说孙权，促成孙刘联盟；赤壁之战后，极力维护孙刘联盟
- **陆逊**
  - 吕蒙夺取荆州的得力智囊和助手；夷陵之战，使吴军战胜蜀军；促使孙刘修复关系，再次联盟应对曹魏，三国鼎立常态化

发散思考

除了文中提到的人物，你还知道哪些成就“三国鼎立”的人物和故事？

第十五章 真实的诸葛亮是什么样的

○在《三国演义》这部小说里，诸葛亮被描写成一个上知天文下知地理、神机妙算、精通军事、运筹帷幄的完美人物。那么真实的诸葛亮是什么样子的呢？

敲黑板

· 真实的诸葛亮

· 诸葛亮出师伐魏

在《三国演义》这部小说里，诸葛亮被描写成一个上知天文下知地理、神机妙算、精通军事、运筹帷幄的完美人物。

那么真实的诸葛亮是什么样子的呢？

诸葛亮是琅琊阳都（今山东临沂市沂南县南）人。东汉末年天下大乱时，他跟随叔父到荆州避难，在隆中（今湖北襄阳市西）过着隐居生活。

据说他经常把自己比作春秋战国时期的大政治家、大军事家管仲、乐（yuè）毅，只和几个朋友有来往。其中一个叫徐庶的朋友把诸葛亮推荐给了在荆州寄人篱下的刘备，徐庶形容诸葛亮是绝代奇才。

刘备一直苦于手下人才凋零，于是让徐庶请诸葛亮来相见。但是徐庶说："这个人只能去请，不能随便招来。"刘备听后亲自去请诸葛亮出山，连续去了 3 次才见到诸葛亮，这就是著名的"三顾茅庐"的故事。

两人见面后，刘备向诸葛亮请教天下大势，诸葛亮便给刘备分析了当时的局势。诸葛亮说："现在天下大乱，曹操的势力最为强大，而且有'挟天子以令诸侯'的政治优势，无法和他对抗。孙权在江东已经发展了三代，有长江天险，而且当地的民众和贤人都依附于他，所以只能与之做盟友，不能去攻打他。"

诸葛亮为刘备提出的建议是：以荆州为基地，向西占领益州，在外和孙权结盟，一旦时机成熟，就可以兵分两路北伐中原，成就霸业。

这番议论就是著名的《隆中对》。

结合实际的历史演变过程，我们会发现诸葛亮对形势的预判，后来基本都实现了。刘备的行动就是按照诸葛亮的规划进行的。而且，诸葛亮提出的同孙权结盟共同对抗曹操的战略，无论从刘备的角度出发，还是从孙权的角度出发，都是当时最合理的、操作性最强的战略。

每当孙刘联盟比较稳固的时候，就是三国鼎立局面比较稳定的时候；反之，则是局势比较动荡的时候。所以，诸葛亮确实是一位很有远见、对局势预判能力很强的战略家，而他当时只有27岁。

诸葛亮出山以后，在促成孙刘联盟的过程中发挥了很重要的作用。后来，刘备果然按照诸葛亮的建议，以荆州为基地，夺取了益州和汉中。

在这个过程中，诸葛亮先是替刘备镇守荆州大本营，后又替他镇守成都，源源不断地为外出作战的刘备输送粮草和援军，与楚汉之争中萧何为刘邦所做的事极为相似。眼看他为刘备所规划的战略就要实现了，孙刘两家却为争夺荆州发生了激烈的争斗，后来还发生了夷陵之战，这使得孙刘联盟事实上处于破裂状态。北方的曹丕虎视眈眈，孙刘两家元气大伤。这个局势最终还需诸葛亮来挽救。

公元 223 年，刘备去世前，“托孤”于诸葛亮。刘备知道自己的儿子刘禅懦弱昏庸，不堪大任，就对诸葛亮说：“你的才干胜过曹丕十倍，一定可以成就大事。我的儿子如果可以辅佐，你就辅佐；否则，你可以取而代之。”诸葛亮听完，流着泪向刘备表示一定竭尽全力辅佐刘禅。此后，蜀汉的政务事无巨细，都由诸葛亮来裁决。

诸葛亮掌权以后，首要的是恢复既定的战略。所以他首先花费很大的力气重新和孙权建立盟友关系，又平定了今天四川省西南部、云南、贵州等地的少数民族叛乱。当他觉得蜀汉的后方已经稳定，便开始实施其大战略中最关键的一步：北伐中原，消灭曹魏，复兴汉室。但是，这最关键的一步他始终没能成功。

从公元 228 年到公元 234 年，诸葛亮连续 5 次出兵北伐魏国，尽管取得过一些

诸葛亮

战果，但始终没有取得关键性的胜利。他本人也在最后一次北伐中，因为积劳成疾，病死于五丈原（今陕西眉县西南）。正如唐代大诗人杜甫的诗句所说："出师未捷身先死，长使英雄泪满襟。"

诸葛亮为什么一定要出师伐魏呢？这需要结合蜀汉在三国中的地位和特点来分析。

其实，诸葛亮在《隆中对》中已经为刘备分析得很清楚：魏蜀吴三家中，曹魏的发展借助了有利时机，孙权则拥有"长江天险"这一地利条件，而留给刘备可利用的，只有"人和"，即利用自己汉室宗亲的身份和很多人心中的正统观念，来发展自己的势力。

虽然后来刘备在益州站稳了脚跟，但是对于当地人来说，刘备是外乡人，属于"鸠占鹊巢""反客为主"。这个政权要维持自己的合法性，让自己的力量得以发展，最重要的资本就是所谓的正统大义，也就是要实现汉王朝的复兴。这就必须消灭魏国，所以北伐就成为蜀汉不可回避的命运。

如果蜀汉放弃北伐，也就失去了作为政权存在的理由。所以北伐是蜀汉必须要做的事情。诸葛亮在《前出师表》中明确指出，北伐的目的是"兴复汉室，还于旧都"。

另外，蜀汉是三国中实力最为弱小的国家。当时魏国有 10 个州、400 多万人口，吴国有 4 个州、200 多万人口，而蜀国只有益州，人口不到 100 万。

既然蜀国力量如此弱小，诸葛亮为什么不卧薪尝胆积蓄实力，非要以卵击石去主动攻击强大的魏国呢？其实，北伐除了可以宣示蜀汉政权的政治合法性，也是一种"以攻代守"的战略。

据相应史料记载，蜀国和魏国的实力相差非常悬殊，如果大家各自埋头发展自己的势力，在正常情况下，两国之间的实力差距只会越来越大，蜀国将永无战胜魏国的可能。

如果蜀国主动对魏国发动进攻，魏国将处于战略上的守势地位，忙于应付蜀国的进攻而无法主动威胁蜀国。而且，战场形势千变万化，如果在战争中能抓住对方的失误并给予对方致命一击，往往会成就以弱胜强的事业。

简单地说：如果双方避免接触，蜀国就永无出头之日；只有主动出击，蜀国才有可能出奇制胜。另外，蜀汉失去荆州以后，它的势力范围只能全面退回四川盆地。四川地区环境闭塞，周围群山环绕，易守难攻，李白的《蜀道难》中有“蜀道之难，难于上青天”；而且当地物产丰富，成都自古就有“天府之国”的美称：这个地方适合发展割据势力，但也容易因自给自足而令人不思进取。

俗话说“少不入蜀”“蜀人不出川，不成大事”，这是诸葛亮绝对不希望看到的情况。所以，他必须强行推动北伐，正如他在《后出师表》里说的——“惟坐而待亡，孰与伐之”。

蜀国要在北伐中以弱胜强，四平八稳是不行的，必须要出奇制胜，要敢于冒险。而这恰恰不是诸葛亮的强项。陈寿在《三国志·蜀书·诸葛亮传》中对诸葛亮的评价很中肯：“然亮才，于治戎为长，奇谋为短，理民之干，优于将略。”

虽然诸葛亮是很出色的战略家，但是“奇谋”非其所长。比如，在第一次北伐中，大将魏延曾经建议从东线的子午谷道出奇兵以直接袭击长安，但是诸葛亮认为这样太冒险，就选择了从路程最远、最保险的西路进军。

相比而言，诸葛亮的行政才能确实很突出。他注重发展经济，把蜀国治理得井井有条，特别难得的是，诸葛亮执法公正，被他处罚过的人都没有怨言。

有一个叫李严的官员原本和诸葛亮私交很好，但是他督运军粮没有及时赶到，还企图推卸责任嫁祸于人，诸葛亮不讲私情，将李严治罪，废黜为平民。后来李严听到诸葛亮的死讯，竟然忧愤而死。因为他知道，尽管诸葛亮惩治了他，但也最了解他的才华。现在诸葛亮死去，再也没有人能重新起用他了。

蜀国不仅实力弱小，而且在三国中也最缺人才。所以很多事情都需要诸葛亮亲力亲为，这就极大地增加了诸葛亮的负担，损害他的身体。

有一次，诸葛亮的老对手司马懿向前来下书的蜀汉使者问起关于诸葛亮的生活细节。使者说，诸葛亮早起晚睡，凡是军营中20 杖以上的处罚，都要亲自过问，每天所吃的饭食很少。司马懿对别人说："食少事烦，岂能久乎？"果然，不久以后，诸葛亮就病逝了。

思维导图

真实的诸葛亮是什么样的

- 刘备三顾茅庐
  - 诸葛亮《隆中对》
- 诸葛亮出山后
  - 替刘备镇守荆州大本营，镇守成都，为前方作战输送粮草和援军
  - 刘备托孤，诸葛亮全力辅佐刘禅
  - 5次出师伐魏

发散思考

你认为诸葛亮是一个什么样的人呢？

第十六章

『竹林七贤』是一群怎样的『怪人』

○阮籍、嵇康、山涛、刘伶、阮咸、向秀、王戎这7个人交往密切，经常在竹林之中饮酒畅谈，被世人称为『竹林七贤』。读书人志同道合、互相结交是常见的事，为什么他们是一个很独特的群体，他们『怪』在哪里呢？

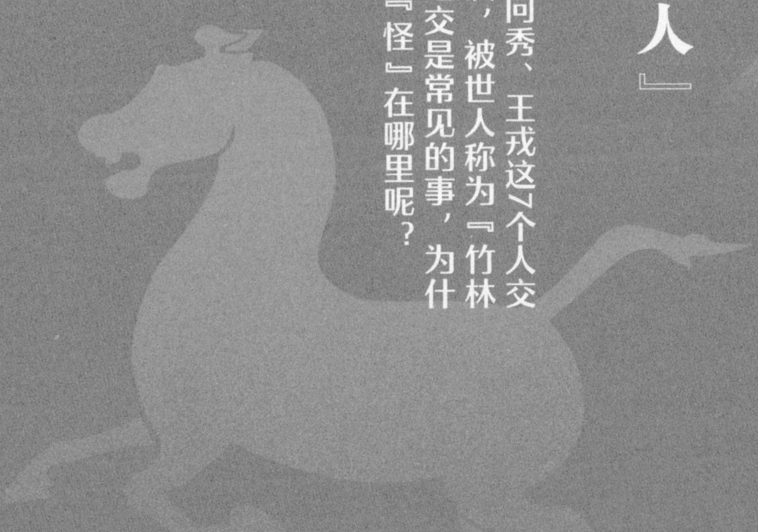

很多人读过金庸的武侠名著《笑傲江湖》，这部小说中有一首贯穿始终的乐曲——《笑傲江湖》。在小说中这首曲子是日月神教的长老曲洋和衡山派的刘正风二人创作的，其中一大段改编自嵇康的《广陵散》。传说嵇康在临死前，弹奏完《广陵散》说："《广陵散》于今绝矣！"曲洋对嵇康的这句话很不服气，连着盗掘了 29 座古墓，最后终于找到了《广陵散》的曲谱。

这个故事是金庸先生虚构的，但是善弹《广陵散》的嵇康却是历史上真实存在的人物。而且，嵇康还是一个很独特的知识分子群体的代表。这个群体就是著名的"竹林七贤"。

竹林七贤指的是魏晋时期的 7 位名士：阮籍、嵇康、山涛、刘伶、阮咸、向秀、王戎。这 7 个人交往密切，经常在竹林之中饮酒畅谈，所以被世人称为"竹林七贤"。

读书人志同道合、互相结交是常见的事，为什么他们是一个很独特的群体呢？他们"怪"在哪里呢？

竹林七贤与荣启期砖画
南京博物院藏

“竹林七贤”是魏晋时期的7位名士，荣启期为春秋时期的一位高士。这组砖画为南京西善桥宫山大墓出土，反映出墓主人的风骨。

嵇康是谯国铚（zhì）县（今安徽宿州市西南）人，曹魏皇室的女婿，曾经做过中散大夫的闲职。他为人潇洒飘逸，不拘小节，学识渊博，特别喜欢道家学说，对传统的儒家学说不以为然。

嵇康生活的年代，曹魏皇室的大权逐渐落到以司马懿、司马师、司马昭为首的司马氏手中。嵇康对司马氏的揽权专横很不满意，拒绝与其合作，隐居山林，不参与政治，以打铁为生。

当时有一位贵公子叫钟会，钟会的父亲是曹魏的高官钟繇（yáo），门第显赫。钟会精明强干，深得司马昭的信任。他听说了嵇康的大名，便去拜访。当时嵇康正在打铁，没有理睬钟会，钟会在旁边站了很久，觉得自讨没趣，就要走。这时嵇康开口了，他问钟会："何所闻而来？何所见而去？"钟会回答道："闻所闻而来，见所见而去。"嵇康问得犀利，钟会的回答也很机智，没有丢面子。但是他从此便忌恨嵇康，一直寻找机会在司马昭面前陷害嵇康。后来因为吕安事件，司马昭将嵇康下狱处死。嵇康死时年仅 40 岁。

在嵇康行刑当日，3000 名太学生向朝廷集体请愿，请求朝廷赦免嵇康，并要求以嵇康为师，但是他们的请求被拒绝了。嵇康在临刑之前，特意要来古琴，弹奏了一曲《广陵散》。

从嵇康短暂的一生中，你是否能看出来以他为首的这批读书人"怪"在哪里呢？

其实，"竹林七贤"和当时的很多名士一样，饱读诗书，满腹经纶，才华横溢。他们不仅在文学、艺术、思想等方面有深厚的造诣，而且其中有些人曾入仕为官，能力出众。比如阮籍，他曾经在东平做官，施行法令清正简明，处理政事井井有条。所以他们并不缺乏为官从政的才干，也不见得缺乏扬名立万的雄心壮志。

阮籍在广武（今河南荥阳市东北广武山上）凭吊当年楚汉之争的战场时曾经感叹："时无英雄，使竖子成名。"可见他志向远大，完全没有把叱咤风云的刘邦和项羽放在眼里。

然而，这些人在学术上和大多数读书人是不同的。从西汉武帝时期"罢黜百家，尊崇儒术"开始，儒家学说便取得了官学的地位。儒家思想是大多数读书人安身立命、出人头地的资本。而"竹林七贤"却与众不同，他们大多对传统的儒家礼乐制度、三纲五常不以为然，他们推崇老子的道家思想。儒家要求读书人积极入世，所谓"修身齐家治国平天下"；而道家却主张清静无为，消极避世。简单地说，他们当中大多数人对当权者都是持不合作态度的。这是为什么呢？

从东汉后期开始，朝政黑暗腐败，江河日下，而那些坚持儒家伦理道德的人往往没有好下场，“党锢之祸”就是证明。后来天下大乱、民不聊生，活跃在政治舞台上的都是手握重兵、不可一世的枭雄，他们对读书人的态度是能用则用、不能用则杀，就连一直重视人才的曹操也不能免俗。曹操受不了名士们对自己的鄙夷和不屑，当时一些名满天下的才子，如孔融、杨修都死在了他手里。

在这些枭雄眼里，儒家的伦理道德、纲常名教不过是当权者用来夺取权力的遮羞布，如曹丕就利用了儒家特别推崇的禅让制取得了汉朝的政权。其实大家都心知肚明：传说中尧舜禹的禅让是两相情愿的，而汉献帝的禅让完全是被迫的。所以后来司马氏有样学样，也

自捡的知识

七贤也有“道不同”时

山涛曾投靠司马氏为官，后又举荐嵇康出仕为官，嵇康不从，作《与山巨源绝交书》，拒绝出仕。

嵇康和阮籍认为司马氏假奉名教（以儒家所定的名分与伦常道德为准则的礼法），实为贪图名利之辈。

魏晋玄学与魏晋风度

魏晋时期出现的一种崇尚老庄的思潮被称为“魏晋玄学”。魏晋风度则指在魏晋玄学影响下，形成的一种人生观，是一种文人心态和时代精神，主要表现有：外在举止上，穿着洒脱不羁，喜好清淡和服食药、酒；内在精神上，追求人格的独立自由，反对礼教。表面洒脱的背后有一种无法排解的忧愁痛苦，体现了一种矛盾心态。

用同样的手段对付曹魏政权。

在残酷而黑暗的政治斗争面前，“竹林七贤”对道家的推崇，从消极的角度讲是明哲保身，不愿卷入政治旋涡；从积极的角度讲，其实也是对黑暗政治的一种不合作。比如嵇康就曾经公然自称“非汤武而薄周孔，在人间不止，此事会显，世教所不容”，即他常常非难商汤和周武王，鄙薄周公和孔子，而且任意而为、随心所欲。这肯定是为当时的礼教所不容的。

我们知道商汤取代了夏桀，周武王取代了商纣王，这都被认为是“顺天应人”的事。而当时有些趋炎附势的读书人为了迎合司马家族篡夺曹魏政权的心理，大力推崇商汤和周武王。所以嵇康的观点其实是对这些人的抨击。

但是他们想要避世，谈何容易？那些野心家们要借助这些名士的声望和才干，所以往往逼迫他们合作。于是，我们就看到“竹林七贤”为了避世而做出的一些怪诞行为。比如，刘伶爱酒如命，经常坐着鹿车外出游玩，每次都会在车上装满酒。他让仆人带着锹跟着自己，对仆人说：“要是我醉死了，就把我埋了，不必带回家安葬。”

在这方面最夸张的当属阮籍。司马昭为了拉拢阮籍，曾经为自己的儿子——后来的晋武帝司马炎求娶阮籍的女儿。阮籍不想攀龙附凤，但又不敢公开拒绝司马昭，他就拼命喝酒，接连大醉60天，每天都不省人事，前来提亲的人根本没办法向他开口，最终这门亲事便不了了之了。

钟会也曾经找阮籍谈天说地，想要在言语中抓住阮籍的把柄，意图告他的黑状。阮籍如法炮制，照旧喝得酩酊大醉，钟会没有办法和他说话，也就作罢。

有一次，阮籍突然主动要求担任步兵校尉，原因是步兵校尉府的厨子会酿酒，他在府中储存了大量美酒，阮籍就职之后每天开怀畅饮。此外，阮籍还有一项特殊的本领——用“青白眼”看人。他对于喜欢的人，用青眼，即黑眼珠看；对于不喜欢的人，用白眼珠看，即冲人翻白眼。阮籍的母亲去世时，嵇康的哥哥嵇喜前来致哀，他就报之以白眼。后来嵇喜带着酒来，阮籍马上转用青眼看他。对于阮籍而言，酒既可以麻痹自己，也可以保护自己。

还有一次，有一户人家的女儿才貌双全，可惜还没出嫁就去世了。阮籍根本不认识人家，但他径直跑到人家家里去吊孝，哭完就走，旁若无人。阮籍曾公开表示：礼法难道是为我设立的吗？这是他公然蔑视儒家伦理的表现。

思维导图

“竹林七贤”是一群怎样的“怪人”

- “竹林七贤”
  - 阮籍、嵇康、山涛、刘伶、阮咸、向秀、王戎
- “怪”在哪里
  - 推崇老子的道家思想，主张清静无为，消极避世
  - 朝廷黑暗腐败，“竹林七贤”选择避世，不与朝廷合作，不卷入政治旋涡

发散思考

“竹林七贤”的“怪”，是否符合魏晋时期的社会情状呢？

第十七章

西晋的统治为何如此短暂

○三国角力的结果是曹魏灭掉蜀汉，使三国变成了两国。接下来发生的事情并不是曹魏灭东吴，而是司马氏代魏并把国号改为『晋』。公元 280 年，西晋灭东吴，天下重归于统一。可是，仅仅16年之后，西晋便在王室之间以及与周边民族的混战中灭亡了。

三国鼎立的局面在公元 263 年发生了变化。这一年，先是曹魏发兵灭掉了蜀汉，使三国变成了两国。接下来发生的事情并不是曹魏灭东吴，而是司马氏代魏。其实，在曹魏政权存在的后期，司马氏家族就已经掌握国家大权，灭掉蜀汉的与其说是曹魏，不如说是司马氏。公元 266 年，司马昭的儿子司马炎迫使魏元帝曹奂（huàn）将皇位禅让于己，并把国号改为“晋”，这就是历史上的西晋王朝，司马炎就是晋武帝。公元 280 年，西晋灭掉了南方的东吴政权。这样，天下重归于统一。

从东汉末年黄巾起义开始，到西晋重新统一全国结束，国家经历了约 80 年的战乱分裂，致使民不聊生、经济凋敝。天下重新统一安定后，人民所期望的无非是休养生息、天下太平、安稳度日。然而，西晋的统治非常短暂。从完成统一到公元 316 年灭亡，西晋只经历了短短的 37 年。事实上，从西晋的第二个皇帝晋惠帝在位开始，国家又陷入了长期的内乱，而且愈演愈烈，和统一之前的内乱相比有过之而无不及。西晋灭亡后，国家再次陷入了分裂之中，而且时间长达 260 多年。

西晋的统治为什么如此短暂呢？这要从西晋政治的特点说起。

一般来讲，一个经历了长期战乱之后建立起来的王朝，总要励精图治、恢复经济、增强国力，如西汉初年的休养生息和文景之治。然而，西晋王朝从建立之初，就呈现出奢侈腐化、骄奢淫逸的特点。西晋完成全国统一之后，满朝君臣都觉得天下大势已定，越发地无节制。晋武帝司马炎身为开国之君，做了一个很坏的榜样。他曾经下令全国停止娶妻嫁女，以供他挑选女子，充实后宫，所以他的后宫妃嫔众多，有近万人。对于晋武帝来说，晚上在哪里过夜就成为一个令他头疼的问题。他的办法是坐着羊车，让羊在宫廷中随意行

白捡的知识

西晋的帝王

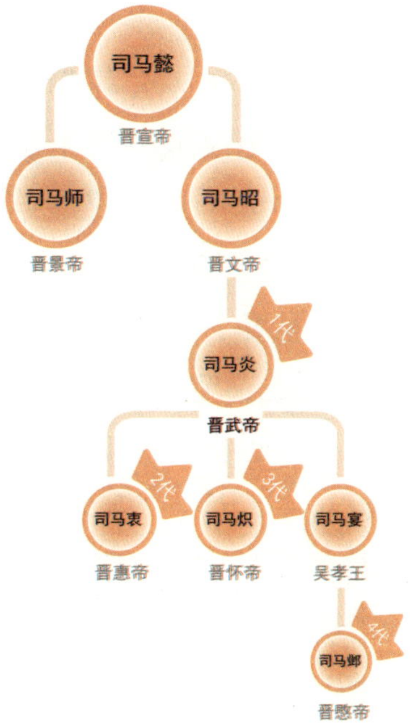

西晋国祚（zuò）51 年，有 4 个“正式”皇帝：晋武帝司马炎、晋惠帝司马衷、晋怀帝司马炽（chì）、晋愍（mǐn）帝司马邺。司马炎称帝后，追尊他的爷爷司马懿为晋宣帝、伯父司马师为晋景帝、父亲司马昭为晋文帝，这 3 个人实际上没有当过皇帝。

走，最后羊停在哪里他就在哪里过夜。有的妃子很聪明，在门前种上嫩草，并在附近地上洒盐水。据说羊喜欢盐水的味道，闻到盐水就会停下来吃草，这样羊车就会停在她的门前，皇帝也就留下来了。

晋武帝还公开卖官鬻爵。有一次他问一个叫刘毅的官员："你觉得我像汉朝的哪个皇帝？"刘毅很不客气地说："桓帝和灵帝。"桓帝和灵帝是东汉最荒唐的君主。晋武帝就问："何至于此？"刘毅说："桓帝和灵帝卖官鬻爵，钱进了国库。陛下卖官鬻爵，钱都进了私囊，这样说起来，您还不如他们。"虽然司马炎最终没有怪罪刘毅，但是他手下的大臣都看出了问题。

当时有一个高官叫何曾，经常陪司马炎喝酒，他回来以后就对儿子们说："我在宴会上从来没听过陛下谈论治理国家的大事，说的都是家长里短的平常事，这不是一个好兆头，他的基业恐怕不会长久了。你们还可以得善终，可是到孙子辈的时候，一定会遭遇乱世。"后来果然被他言中了。

话虽如此，但何曾的生活腐化程度，可以和司马炎相提并论。他用的车马服饰都非

晋武帝羊车望幸

常华丽，还特别爱好美食。每次参加宫廷宴会，他都认为宫廷菜不如自家的菜好吃，宁愿从家里自带食物。他每天用于饮食的花费超过万钱，竟然还说“无下箸处”。把晋武帝比作汉桓帝、汉灵帝的刘毅曾经弹劾何曾奢侈无度，但由于何曾是重臣，司马炎便一直维护他。这纵容了何曾的腐败，其他官员有样学样，自然无所顾忌，争相攀比。甚至发生了石崇、王恺斗富的闹剧。

石崇是西晋开国元老石苞的儿子。石苞临死前给儿子们分家产，唯独不分给石崇，还对石崇的母亲说：“这孩子虽然年纪小，但是他将来能发财。”石崇后来做了荆州刺史，竟然靠打劫过路的商旅发了大财，富甲天下，这引起了晋武帝司马炎的舅舅王恺的嫉妒。两个人竞相攀比，想要看看谁更胜一筹。王恺饭后用饴糖水刷锅，石崇就把蜡烛当柴烧；王恺出行做了 40 里的紫丝布步障，石崇就做了 50 里的锦步障。几个回合下来，王恺总是占不了上风。晋武帝就开始暗中帮助自己的舅舅，他给了王恺一棵两尺多高的珊瑚树，这在当时是极罕见的宝物。于是，王恺设宴邀请石崇和一批官员，请他们观赏那棵珊瑚树。石崇竟然随手拿起一柄铁如意，把珊瑚树砸碎了。王恺既心疼又气恼，正要发作，石崇说：“这不值得生气，我赔给你。”说完，他让手下把自己家的珊瑚树拿来让王恺挑，其中仅三四尺高的珊瑚树就有六七

棵。王恺看得目瞪口呆。

这样的统治集团是不可能克勤克俭、与民休息、勤于政事的。更可悲的是，晋武帝死后，他的继任者晋惠帝司马衷更加荒唐。司马衷是司马炎和杨皇后的次子，因为长子早亡，按照嫡子继承的原则，司马衷自然成为太子。司马衷混混沌沌、愚昧低能，很可能存在智力障碍。

据《晋书·惠帝纪》记载，司马衷继位后，有一次在华林园听到蛤蟆的叫声，就问侍从："它们鸣叫是为官家，还是为私人？"大家哭笑不得，又不好不回答，有反应快的人说："在官家地盘上的蛤蟆就给官家叫，在私人地盘上的蛤蟆就给私人叫。"还有一次，司马衷在宫中听说民间发生了饥荒，百姓无所食，饿死了很多人，竟然发问："何不食肉糜？"很多大臣都认为这样的皇帝不适合执掌政权。

司马衷当太子的时候，有一个叫卫瓘（guàn）的重臣就一直想提醒晋武帝废掉司马衷另立太子，但这是件非常冒险的事，所以卫瓘一直没有开口。直到有一次在宫廷宴会上，卫瓘假装喝醉了，壮着胆子，跪在晋武帝面前说："我有事想对您说。"司马炎问："你想说什么？"卫瓘欲言又止，用手摸着晋武帝的御座说："这个座位太可惜了。"晋武帝明白卫瓘的意思，说道："你真的喝多了。"晋武帝最终也没有废掉司马衷。掌权者是一位糊涂皇帝，一定会有人动歪脑筋，有非分之想，内乱不可避免的发生了。

司马衷继位后，不能正常处理政务，所以杨太后就让自己的父亲杨骏来辅政。这是外戚掌权局面的再现。但是，晋惠帝却有一位非常强势的皇后——贾南风。贾南风是西晋重臣贾充的女儿，为人刚烈残忍，嫉妒心强，做太子妃时就曾亲手杀过人，还曾用戟投掷其他怀孕的妃子，致其流产，因此差点被晋武帝废掉。晋惠帝登基后，权力欲极强的贾南风想和杨骏争权，但是自己又缺乏力量，便借助诸侯王的力量发动禁军政变，不料竟导致一场皇室内部自相残杀的大动乱，史称“八王之乱”。

晋武帝建国初期，大封宗室，一共封了 27 个王。这些诸侯王都有自己的封地和军队，是强大的政治力量。贾南风先借助汝南王司马亮、楚王司马玮（wěi）的力量，宣称杨骏谋反，将杨骏杀死，仅洛阳一城被株连灭族的就有几千人。后来贾南风又接连除掉司马亮和司马玮，掌握了实权。此后几年，西晋的政治局面相对比较平稳。但没过多久，贾南风的嫉妒心再次发作。晋惠帝的太子并非贾南风所生，她害怕这位太子将来对自己不利，于是就废掉太子并将其杀害。贾南风的残杀引起了司马氏家族成员的不满，赵王司马伦和齐王司马冏（jiǒng）起兵杀掉贾南风，并将她的党羽一网打尽。不久，司马伦野心大发，废掉了晋惠帝，自立为帝，这一举动引起了众怒。齐王司马冏、成都王司马颖和河间王司马颙（yóng）起兵讨伐司马伦，迎惠帝复位。随后，三王与长沙王、东海王、汝南王、楚王、赵王混战不断。最终，其他七王身死，东海王司马越控制朝政，毒死惠帝，立惠帝弟司马炽，称怀帝。

在长达 16 年的时间里，司马氏皇族为了争夺权力而内战不断，导致血流成河，完全破坏了西晋初年还算安定的局面，从根本上瓦解了西晋政权的统治基础，使其对地方和边境的控制能力急剧下降。当周边的民族政权向西晋发起进攻的时候，西晋完全没有抵抗能力，最终灭亡。

思维导图

西晋的统治为何如此短暂

- **西晋的建立**
  - 公元263年，曹魏灭掉了蜀汉；公元266年，司马氏代魏，司马炎改国号为“晋”；公元280年，西晋灭掉东吴政权，天下重归于统一
- **八王之乱**
  - 贾南风借助汝南王司马亮、楚王司马玮的力量，将杨骏杀死；贾南风接连除掉司马亮和司马玮，掌握了实权
  - 贾南风杀害晋惠帝的太子，引起司马氏家族不满，赵王司马伦和齐王司马冏起兵杀掉贾南风
  - 司马伦废掉晋惠帝，自立为帝
  - 齐王司马冏、成都王司马颖和河间王司马颙起兵讨伐司马伦，迎惠帝复位
  - 最终，东海王司马越控制朝政，毒死惠帝，立司马炽为皇帝，称怀帝
- **西晋灭亡原因**
  - 西晋王朝从建立之初，就呈现出奢侈腐化、骄奢淫逸的特点
  - 公开卖官鬻爵，统治集团不作为

发散思考

西晋短命的原因是什么呢？

同为短命王朝，西晋灭亡的原因和秦朝一样吗？

第十八章 动荡中的『五族内迁』

〇西晋灭亡之后，中国北方彻底进入一个大混乱时期。100 多年里，各族先后建立了 10 多个政权，黄河流域长时间处于战乱和分裂状态。翻开这个阶段的史书，随处可见大饥荒、人相食的记载。前秦时，从潼关到长安，虎狼成群，它们白天聚集在道路上，到了夜里就袭击民户。这些虎狼不吃牲畜，专门吃人，一共吃了700 多人。

敲黑板

- 北方游牧民族内迁
- 西晋的灭亡与十六国政权分立

西晋王朝的政治腐败和皇族权斗动摇了西晋的统治基础，而最终导致西晋灭亡的是“五族内迁”。

什么是“五族内迁”呢？所谓“五族”，指的是当时北方的 5 个游牧民族：匈奴、鲜（xiān）卑、羯（jié）、氐（dī）、羌（qiāng）。而“五族内迁”则是指这 5 个民族进入过去汉族居住的中原地区，推翻了汉族建立的西晋政权，建立民族政权，造成与南方汉人政权长期对峙、大混乱的局面。

这是怎么发生的呢？可能有人想问：这些民族最初大都是游牧民族，生活的区域和汉族并不相同，那他们为什么会进入中原地区呢？

其实，这些游牧民族内迁的现象，在东汉就已出现。到了魏晋时期，内地人口大量死亡，汉族统治者为了补充劳动力，经常招引他们进入内地居住。他们大多居于陇西、关中一带。这些民族的语言文化、风俗习惯、生产生活方式，甚至连相貌都和汉人有很大的不同，进入黄河流域之后，民族之间的差异难免会引起民族纠纷和矛盾。而汉族统治者往往残酷镇压，剥削日甚。这样的政策，不可能不激起反抗，从西晋建立开始，甘肃、山西等地就不断发生鲜卑族和匈奴族的反晋斗争，只是因当时西晋尚强，反晋斗争无法成功。但是“八王之乱”发生后，西晋政权忙于自相残杀，再也控制不住局面；而且为了增强实力，他们往往联合外族，以扩大势力，这就给了一些心怀不满的少数民族贵族以可乘之机。

最终颠覆西晋的正是匈奴贵族刘渊。“八王之乱”发生后，西晋宗室混战不休，匈奴贵族认为恢复故业的机会到了。刘渊先是被推举为大单于，后又称帝，志在推翻西晋王朝的统治。他在对西晋的战争中节节获胜，势力发展到河北、山东等地。刘渊死后，他的儿子

白捡的知识

西晋时期的流民起义与游牧民族起义

八王之乱时期，受战乱影响，人民不断离开原本的居住地成为流民，有时形成有组织的起义，这种起义被称为流民起义。

除流民起义频发以外，此时游牧民族起义同样较多，二者合力加速了西晋的灭亡。

刘聪继承他的遗志，继续攻击西晋。公元 311 年 6 月，匈奴兵攻陷洛阳，晋朝王公以下被杀 3 万多人，晋怀帝被俘。这场变乱发生在晋怀帝永嘉年间，所以被称为“永嘉之乱”。这时西晋事实上已经灭亡了。尽管后来还有人在长安拥立晋武帝之孙秦王邺，称晋愍帝，但是到公元 316 年，长安城又被匈奴攻破。晋愍帝被俘，西晋彻底灭亡。

此后，中国北方彻底进入一个大混乱时期。在 100 多年的时间里，各族先后建立了 10 多个政权，其中比较重要的被称为“十六国”，包括匈奴族建立的前赵、夏和北凉，鲜卑族建立的前燕、后燕、南燕、西秦和南凉，氐族建立的前秦和后凉，羌族建立的后秦，羯族建立的后赵，賨（cóng）族建立的成汉，汉族建立的前凉、西凉和北燕。正所谓“你方唱罢我登场”，其中只有在氐族建立的前秦统治时期，黄河流域才处于短暂的统一状态，其他时间都处于战乱和分裂状态。这个时期的分裂现象与以往出现的不尽相同，带有明显的民族色彩。

连年不断的战乱，使三国和西晋初年得以稍稍恢复的经济再度遭到毁灭性的打击。翻开这个阶段的史书，随处可见大饥荒、人相食的记载，此前经济发达、人口稠密的洛阳、长安地区首当其冲。公元 313 年，西晋的末代皇帝晋愍帝在长安登基时，全城只有不到 100 户人家，公车加私车只有 4 辆，城中荒草荆棘丛生，官员连官服、印信都没有。以长安为中心的关中地区，此前是中国的经济重心，经济繁荣，人口众多，而现在却残破不堪。过了 40 多年，到氐族建立前秦统治时期，情况丝毫没有好转。据记载，当时从潼（tóng）关到长安，虎狼成群，它们白天聚集在道路上，到了夜里就袭击民户。这些虎狼基本不吃牲畜，专门吃人，一共吃了 700 多人。百姓不敢再去耕田种地。当时有大臣建议想办法除去虎狼之灾，而前秦以残暴著称的皇帝苻（fú）生竟然说：“野兽饿了当然会吃人，吃饱了就不吃了，想什么办法！上天能不爱人吗？因为人的罪孽太深重，所以这些虎狼帮我多杀一些人。”

思维导图

动荡中的“五族内迁”

- **北方游牧民族内迁** —— 匈奴、鲜卑、羯、氏、羌
- **永嘉之乱** —— 公元311年6月，匈奴攻陷洛阳，晋怀帝被俘
- **公元316年，西晋彻底灭亡**
- **十六国时期** —— 前赵、夏、北凉、前燕、后燕、南燕、西秦、南凉、前秦、后凉、后秦、后赵、成汉、前凉、西凉、北燕

发散思考

十六国这个阶段的混乱和错综复杂的民族矛盾有关，你认为民族矛盾形成的原因是什么呢？

第十九章

什么是『王与马，共天下』

○十六国时期的大混乱主要集中在北方黄河流域。此时的南方，司马氏在琅琊王氏的支持下建立了东晋。因为『投资人』权势过大，皇权又太弱小，所以形成了『王与马，共天下』的局面。

十六国时期的大混乱主要集中在北方黄河流域，那么此时的南方，也就是长江流域的情况如何呢？

在“八王之乱”后期，东海王司马越掌握着西晋的实权。司马越是司马懿的侄孙，并不属于西晋王朝的直系亲属，号召力有限。为了巩固地位和权力，他就想借助一些世家大族的名望和影响力。他选中的合作对象是王衍（yǎn）。

王衍是西晋琅琊临沂（今山东临沂市北）人。他所在的王氏家族是三国乃至西晋年间在社会上声望极高的家族，而王衍本人又是当时社会上名士的首领，所以司马越着意拉拢王衍。

王衍后来青云直上，几乎做遍了晋朝最重要的高官。后来，西晋政权就形成了以司马越为代表的晋朝皇室和以王衍为代表的高门大族共同合作执政的局面。

其实，王衍是“盛名之下其实难副”，并没有真本事。王衍面貌俊秀，风度翩翩，少时曾经拜访过“竹林七贤”之一的山涛。

辞别之后，山涛望着他的背影说：“何物老妪，生宁馨儿！然误天下苍生者，未必非此人也。”

果然不出山涛所料，王衍出山做高官时，正值天下大乱，他对此毫无办法，但又舍不得高官显位，不肯退隐山林，任由局势败坏下去。在“永嘉之乱”中，王衍和其他西晋的高官都被石勒俘虏了。

说来也巧，王衍和石勒早年曾有过一面之缘。石勒是羯人，14 岁时随同乡到洛阳做生意，长啸于上东门。王衍听到后非常吃惊，对手下说：“刚才这个胡儿小孩，我从他的长啸中听出他志向高远，恐怕将来会成为扰乱天下的人。”于是王衍派人去抓石勒，但是石勒已经走了。

不过 20 年后，曾经落魄的石勒成为匈奴的大将，而堂堂的大名士王衍却成为阶下囚。

石勒早就听过王衍的大名，因此对他很客气，还和他攀谈许久。没想到王衍竟然说他根本不想做官，只想明哲保身，所以他对西晋的败亡完全没有责任，他还劝石勒称帝。石勒发现王衍并没有名士应有的气节和担当，越听越生气，就质问王衍：“你名满天下，年纪轻轻就做了高官，一直做到现在头发都白了，怎么能说没有参与朝廷政事呢？天下大乱，就是因为有你这样的人！”于是石勒把王衍杀掉了。

王衍虽死，但王氏家族并没有因此衰落。正所谓“东方不亮西方亮”，这个家族的另外一些显耀人物，在东南开辟了新的天地。

司马越主政时期看到北方局势混乱不堪，就想在南方开辟新的天地。他曾经命令另外一位晋朝的皇室成员琅琊王司马睿都督扬州诸军事。当时司马睿身边有一位高参叫王导，王导是王衍的族弟。而且司马睿和王导的关系比司马越和王衍的关系更加紧密。因为司马睿封国所在地恰恰就是王氏家族所在地。司马睿在封地期间就和王氏家族交往密切，现在双方有了共同利益，关系更加紧密。

司马睿和王导到了江南之后，遇到的首要问题是根基不稳。三国时期，江南地区是东吴的势力范围，而西晋的势力范围在北方，所以在当地缺乏影响力和号召力。江南的一些世家大族，如顾氏、陆氏都不愿服从司马睿。据说司马睿到达建邺（今江苏南京）之后，江南的名门望族都不来拜见他。王导深知要想在江南立足，必须获得当地豪强的支持，所以他想了很多办法联络当地的大族，还向他们展示司马睿的权威。

据《晋书》记载，司马睿外出观禊（xì）（古代的一种祭祀），仪仗威严，王导与其他望族子弟骑从随行。江南本地望族看到这一幕，都惊惧异常，相继拜于路旁。

据说从此之后，司马睿在江南望族中的威望大大提高了。尽管后来有史学家怀疑这个故事的真实性，但是它所反映的王氏家族和司马睿的亲密关系，以及南方望族所存在的疑惧心理，还是接近于实际情况的。江南的豪族也确实在王导的努力下和司马睿政权形成了合作关系。

司马睿在江南逐渐站稳脚跟，北方的局势越来越混乱，大量的北方人为了躲避战乱逃亡江南，这是王导拉拢的另一批对象。他利用司马睿晋朝皇室正统的身份，鼓舞思乡心切的北方人，让他们支持司马睿，以积蓄力量，北伐中原，收复失地。这些人也成了司马睿政权的拥护者。

公元 317 年，司马睿先称“晋王”，次年称帝，国号仍然叫“晋”，史称东晋。司马睿就是历史上的晋元帝。他定都建康（公元 313 年，建邺改名为建康）。

在司马睿登基的仪式上，发生了历史上罕见的一幕：他在接受百官朝贺时，竟然请王导和他共同坐在御座上。

王导不敢从命，再三推辞，司马睿坚持让王导和他并坐。王导说：“要是太阳和地上的万物同辉，臣子应该去瞻仰谁呢？”他的意思是只能有一个皇帝，否则天下就会大乱，司马睿这才作罢。从此就有了“王与马，共天下”的说法。

这句话只从字面上理解，其意思就已经很不一般了。天下怎么可能由皇帝和大臣共有呢？不仅如此，从字面上看，是“王与马，共天下”而不是“马与王，共天下”，这说明权力重心在“王”而不在“马”。

在江南毫无根基的司马睿之所以能站稳脚跟，主要是依靠王导的谋划，以及来自北方和江南豪族的支持。这使东晋皇族的力量完全依赖于这些名门望族，所以皇帝在治国时缺乏底气。王导的堂

司马睿让王导和他并坐

兄王敦位高权重，引起司马睿的不满。司马睿稳定了皇位，利用心腹对付王氏集团，王敦发觉后，决定先发制人，起兵叛乱。在王敦攻入建康城时，司马睿对王敦说：“你要是想做皇帝，应该早点儿跟我说，我退位回琅琊去，何苦让百姓跟着受苦呢？”这哪里像一个皇帝对叛臣所说的话？

东晋一朝可以说是中国历史上皇权最弱的时代，实权始终掌握在王氏和一些世家大族手中，所以东晋的政治其实是一种门阀政治，即世家大族根据他们的门第出身和资历来把持政权的政治。

因为皇权比较弱，所以东晋的内乱也比较多。比如，王敦和苏峻都曾经起兵叛乱，东晋的大将桓玄也曾经篡夺过皇位。但即便如此，这些世家大族还需要借助皇帝的政治影响力来稳定局势和发展力量，所以这些叛乱都没有成功。

东晋内斗不断，自然无暇顾及北伐收复失地。其实，东晋建立之初，那些刚刚南渡的北方人思乡心切，但又痛恨北方战乱，这时如果努力经营，还是可以有所作为的。南渡的北方人中，请求北伐的最典型的人物是祖逖（tì）。

祖逖是范阳遒（qiú）县（今保定涞水县）人，自幼就有远大抱负，经常在天不亮的时候，听到鸡叫就起来练剑习武，这就是成语“闻鸡起舞”的来历。

永嘉之乱后，祖逖率亲党数百家南迁。公元313年，他向司马睿请求北伐。这时司马睿一心想在江东立足，根本无心北伐，可是又不能公然反对北伐，否则就会丧失北方望族的支持。于是他给祖逖奋威将军、豫州刺史的虚职，没有给他铠甲兵器，让他自己招募军队北伐。祖逖带着随自己南下的部曲（古代豪门望族的私人军队）渡江北上，当船行驶到大江中间的时候，他用力拍击船桨，对部下说：“我要是不能肃清中原的敌人，就像这条大江一样一去不回。”这就是著名的“中流击楫”典故。

祖逖北伐的成效很大，收复了黄河以南的土地。但后来祖逖忧虑朝廷内乱，他自己也染了重病死了。这次北伐前功尽弃。祖逖之后，东晋的几次北伐也都半途而废。东晋就此偏安东南一隅，一直到公元 420 年灭亡。

白捡的知识

东晋士族有哪些

东晋的士族可分为 3 种：南方士族、北方士族中渡江较早的士族、北方士族中渡江较晚的士族。此时北方也有拒绝南下的士族，如“崔卢李郑”等。

“王敦之乱”激化了迁居江南的北方士族与江南本地士族的矛盾，最终江南本地士族落败，无力与前者相抗衡。

祖逖北伐有成果之时，“王敦之乱”将兴，祖逖部曲被迫转向防御王敦。祖逖也于此时病逝。

思维导图

什么是“王与马、共天下”

- 西晋后期，东海王司马越掌握实权，但他不是王朝直系亲属，为巩固地位和权力，拉拢王氏家族的王衍
- 琅琊王司马睿和王氏家族的王导关系密切，王导帮助司马睿在江南立威
- 公元318年，司马睿称帝，建立东晋；登基仪式上，他请王导并坐御座

发散思考

东晋一朝，除了王氏，还有哪些著名的世家大族呢？

他们都出了哪些著名的人物和事迹呢？

第二十章

「草木皆兵」「风声鹤唳」从何而来

○在长期的分裂期间，曾经出现过一次南北重新归于统一的机会，但是前秦没有抓住，那就是中国历史上又一次著名的以少胜多的战役——淝水之战。前秦统一中国的努力以失败告终后，黄河流域又处于分裂战乱中了。

西晋灭亡后，中国长期处于南北分裂状态。这期间曾经出现过一次南北重新归于统一的机会，但是前秦没有抓住，这就是中国历史上又一次著名的以少胜多的战役——淝水之战。

这场战役是北方氐族建立的前秦政权向南方的东晋发动的。氐族当时在北方各族中，不要说和汉族相比，就是和其他民族相比，也是人数比较少的民族，力量并不强大。但是在 4 世纪中期，前秦出现了一位大有作为的统治者——苻坚。苻坚可以说是十六国时期最卓越、最有远见的政治家。他意识到氐族文化落后、人口稀少的问题，知道要想发展自己的势力，必须借鉴汉族的文化，采用汉族比较先进的制度和措施。所以他非常明智地重用平民出身的汉族政治家王猛来治理国家，并擢（zhuó）其官至丞相。

王猛治国雷厉风行。他打击氐族的权贵势力，提拔人才，公平执法，整顿农业，发展军力，这些举措使前秦的国力蒸蒸日上。苻坚对王猛非常信任，曾经对王猛说：“我得到了你，就像周文王得到了姜太公一样。”王猛说：“我哪里比得了古人呢？”苻坚说：“在我看来，姜太公都不如你。”他还对自己的太子和其他的贵族说：“你们尊重王公，要像尊重我一样。”

对此，很多氐族权贵都看不下去了。他们都忌恨王猛，认为王猛抢了他们的风头，剥夺了他们的权力。出身豪族的樊世在公开场合指责王猛，说道：“我们和先帝历尽辛苦打下了天下，现在却没有权力，你寸功未立，却独揽大权，这不是我们种地你却白吃饭吗？”王猛反唇相讥：“我不仅要你为我种地，还要你为我当厨子。”樊世暴跳如雷，说：“我迟早要把你的头颅悬挂在长安城门上。”苻坚听说之后，非常生气，说：“必须杀此老氐，之后众人才能服气。”后来，他果然找了一个理由把樊世处死了。这样一来，那些贵族反对派就再也不敢对王猛评头论足了。在苻坚的大力支持下，王猛在氐族权贵面前迅速立起威严。

前秦的对外战争非常顺利，先是灭掉了鲜卑族建立的前燕，接着消灭了盘踞在今甘肃、宁夏和新疆一带的前凉，又吞并了北方鲜卑族拓（tuò）跋（bá）部建立的代国。这样，整个北方基本被前秦统一了，接下来只需对南方的东晋发起致命一击，统一就可大功告成了。

然而，王猛却在关键时刻一病不起，最终撒手人寰。出人意料的是，他在临终前对苻坚说：“晋朝虽然在偏远的吴越之地，但却承继正统，而且上下安和。我死之后，您千万不能去攻打晋朝。我国现在最大的敌人是鲜卑和羌人，他们是我们的仇敌，迟早是我们的祸害，应该慢慢除去他们，以保社稷。”王猛说完便停止了呼吸。苻坚大哭，说：“这是上天不让我统一天下啊，这么快就把我的景略（王猛的字）夺走了。”

然而，几年之后，苻坚就把王猛的劝告抛诸脑后。公元 382 年，苻坚大会群臣，商讨出兵攻打东晋之事。出乎意料的是，他历来非常亲近和信任的部下，如他的弟弟、他的太子和少子、他的心腹大臣，都极力劝阻他，他们认为东晋上下和睦，且有长江天险，出兵没有必胜的把握。苻坚非常生气地说："我人多势众，大家把马鞭投到长江里，水流就会中断，哪还有长江天险？"而当时臣服于他的少数民族首领，如鲜卑的慕容垂、羌族的姚苌（cháng），却都极力支持他发兵。这是一个很耐人寻味的现象。

公元 383 年，苻坚不顾众人反对，集全国之力大举进攻东晋。他下令全国十丁抽一，一共征发了 87 万余大军，这些大军从长安出发，前后长达千里，旗鼓遥遥相望。九月，苻坚已经到了项城（今河南项城市），而从凉州来的军队才到咸阳。苻坚认为稳操胜券，自信满满，就连安置东晋皇帝和大臣们的公馆都准备好了。

面对强敌，当时东晋主政的宰相谢安从容应对。他派自己的弟弟谢石、侄子谢玄等人，带兵 8 万前去抵御苻坚。这支军队主要由来自北方的流民组成，号称"北府兵"，战斗力很强。但毕竟双方兵力悬殊太大，所以东晋朝廷上下恐慌。而谢安每天照旧和亲友聚会下棋，登山游玩。大家看到他处之泰然，心里也稍微安定了一些。

东晋军在洛涧（今安徽淮南东之洛河）和前秦军的先头部队相遇。当时苻坚得到报告，说东晋军缺乏粮草。他非常高兴，就把大军丢在项城，亲自率领 8000 精锐骑兵至寿阳（今安徽寿县），同时派了一个叫朱序的东晋降官去劝降谢石。可是朱序"身在曹营心在汉"，他不仅没有劝降谢石，反而为其出谋划策，说："前秦的大军将近百万，要是都到达战场，晋军根本赢不了。现在应该趁他们还没尽数集合，迅速出兵攻击前秦军的前锋。”谢石听从了朱序的建议，命令军队主动向前秦军进攻。他手下的大将刘牢之首战告捷，打败了前秦军的前锋，又向寿阳逼近。当时苻坚和弟弟苻融在城头看见东晋军阵容严整，误把附近八公山上繁茂的草木当成东晋军，苻坚竟有些惧怕，对苻融说：“这是劲敌啊！”

两军隔着淝水列阵，谢玄派人请苻融把军阵向后移动，以便东晋军过河决战。苻坚企图在东晋军过河时“半渡而击”，便命令手下后撤，但是队伍移动的时候发生了混乱，朱序又在阵后大喊“前秦军已败”，于是前秦军阵脚大乱，东晋军乘势掩杀。苻融想整军迎战，结果在乱军中马倒被杀。主将阵亡，前秦军更加慌乱，四散奔逃，逃散的兵卒听到风声鹤唳，都以为是东晋的追兵杀到。苻坚败退淮北，到洛阳检点余部，只剩 10 余万人。

一场双方实力相差如此悬殊的战役，为什么获胜的是较弱的东晋呢？

前秦军虽然号称 87 万，但并不是所有士兵都投入了战斗。从朱序给谢石的建议中就可以看出来，投入淝水前线的前秦军只是他的先锋部队 20 余万人，所以双方的兵力对比差距并不是特别大。

即便如此，前秦的优势依然很明显，打败仗也是说不过去的。

我们可以从战前前秦朝堂中的讨论说起：那些反对出兵的人固然有很充分的理由，如东晋上下和睦等。但这也可以看作前秦应该迅速出兵的理由，因为如果东晋照这个趋势发展下去，其实力就可能得到迅速发展，而且这个政权还有中原正统王朝的政治优势，这是前秦所不能比的。所以前秦趁强弱对比明显的时候，出兵一举灭亡东晋，也不失为一个明智的决策。那么问题到底出在哪里了呢？

王猛在去世前劝阻苻坚对东晋用兵时说，鲜卑族和羌族才是前秦的大敌。在对东晋发兵前的讨论中，为什么前秦本朝的氐族官员都反对出兵，而支持出兵的都是外来归附的鲜卑族和羌族的官员呢？朱序为什么要暗中给谢石通风报信，并在淝水之战中故意扰乱前秦的军心呢？

其实，这些现象都说明了一个问题：前秦的内部不稳定。而不稳定的原因则是当时北方所存在的错综复杂的民族矛盾。换言之，前秦虽然在短时间内完成了黄河流域的政治统一，但是它没有能力在短时间内消除各民族之间的矛盾和差异，这需要各族经过长期的接触与相互了解，通过民族交融才能解决。苻坚能做到的只是缓和民族矛盾，不可能消除民族矛盾。那些被他征服的汉族仍然不愿意接受异族的统治，在他们心中，南方的东晋政权才是正统政权，这就不难理解朱序的行为。而那些被苻坚征服的少数民族，如鲜卑族和羌族，也并不和氐族人同心同德，而是随时随地做着自立门户的准备，所以慕容垂和姚苌才会大力支持前秦对东晋发兵，他们期待前秦战败后他们可以脱离前秦的统治。果不其然，淝水之战后，慕容垂和姚苌都建立了自己的民族政权，慕容垂建立的政权被称为后燕，姚苌建立的政权被称为后秦。

前秦的统治很快瓦解，黄河流域又处于分裂战乱的状态中了。淝水之战标志着前秦统一中国的努力以失败告终。

思维导图

“草木皆兵”“风声鹤唳”从何而来

- 前秦苻坚任用汉族政治家王猛治理国家
- 整个北方基本被前秦统一
- 淝水之战
  - **过程：**
    苻坚不听王猛嘱托，出兵进攻东晋，苻坚亲率8000精锐做先头部队，并派朱序劝降东晋军，但朱序倒戈，东晋军进攻前秦军；前秦军在淝水移动时自乱阵脚，东晋军乘势掩杀，前秦军兵败
  - **兵败原因：**
    前秦内部有错综复杂的民族矛盾，不稳定；东晋被视为正统政权

发散思考

总结前秦的经验，要完成政权的统一，具备什么条件才能成功呢？

第二十一章 北魏孝文帝推行汉化是功是过

○北魏是由鲜卑族拓跋部建立的王朝。它和蒙古族建立的元朝、满族建立的清朝不同，这些政权采取措施来保持甚至强化本民族文化特点，以防被汉族同化。北魏则主动放弃本民族的文化特征，使自己全面汉化，这就是北魏孝文帝改革。

除了汉族建立的王朝，中国历史上还出现过很多游牧民族的政权，其中最著名的就是蒙古族建立的元朝和满族建立的清朝。这些政权为了防止自己被人数众多、文化先进的汉族同化，往往要采取措施来保持甚至强化本民族的文化特点。但是，在魏晋南北朝时期，有一个少数民族政权却是例外。这个政权曾经采取全面汉化措施，甚至主动放弃本民族的文化特征。这就是北魏孝文帝改革。

北魏是由鲜卑族拓跋部建立的王朝。鲜卑是历史上中国北方一个非常重要的民族，他们原来居住在东北地区，后来匈奴一分为二，南匈奴内迁，匈奴故地就逐渐被鲜卑占据。东到辽东，西到陇西，都有鲜卑人。

鲜卑有很多部落，其中的慕容部曾经在十六国时期盛极一时，建立过前燕、后燕等政权。北魏政权的建立者是鲜卑族的另一个部落——拓跋部。公元 386 年，拓跋部的首领拓跋珪（guī）建立了自己的政权，国号“魏”，史称北魏。北魏先后消灭了北方的北燕、北凉等政权，在公元 439 年完成了北方的统一，十六国时代就此结束。

然而，此时北方的形势已经发生了很大的变化。在十六国时期 100 多年的时间里，北方已经完全形成了汉族和各民族杂居共处的状态。原来以游牧为生的很多民族已经逐渐采用汉族的农耕和定居的生产生活方式。而各个民族的统治者为了强调自己政权统治的合法性，也都有意识地向汉族靠拢。比如，率先建立自己政权的匈奴贵族刘渊，自称是汉朝皇室的后代，他最初采用的国号也是“汉”。而且这些民族的统治者身边往往会有一些汉族的谋士为他们出谋划策，苻坚身边的王猛就是典型的例子。

这就意味着，在当时的北方，尽管各民族建立了本民族政权并统治当地汉人，但是从文化和生产生活方式上，他们已经开始向汉族靠拢。当然，这些民族汉化的程度有所不同。比较而言，鲜卑拓跋部的汉化程度相对比较低，主要是因为鲜卑贵族主持政权，制度很粗略，民族之间的芥蒂也比较深。

公元 450 年，北魏太武帝拓跋焘（tāo）发兵攻打南方的宋，双方在盱眙（xūyí）（今江苏淮安市盱眙县）发生了激战。宋军守将非常顽强，北魏军伤亡很大。拓跋焘给城中的守将写信说：“我派出去的攻城军队，都不是我本国的本族人，城东北的是丁零人和匈奴人，城南的是三秦氐人和羌人。丁零人死了，常山、赵郡一带的贼寇就少了；匈奴人死了，并州（今山西）一带的贼寇就少了；氐人和羌人死了，关中一带的贼寇就少了。不管你杀了哪些人，对我都有好处！”

这说明在北魏统治下，各民族的反抗战争很多，而且北魏的统治者并不把他们当成自己的子民看待，这样的统治肯定是不能持久的。这种情况在孝文帝统治时期发生了改变。

孝文帝名叫拓跋宏，即位时只有 5 岁，所以朝政最初是由他的祖母执掌。他的祖母姓冯，是汉族人，谥号“文明”，通常被称为“文明太后”。所谓的孝文帝改革，其实最初是由冯太后主持的。在她颁布的改革措施里，影响深远的措施是均田制。

由于多年战乱，当时北方出现了大量的无主荒地和无业流民，这既不利于经济的恢复，也不利于政权的稳定。均田令就是北魏政府把这些无主荒地收归国有，按照一定的标准分配给流亡的百姓来开垦耕种，再由百姓向国家缴纳赋税。这样，既能保证国家的赋税收入，也能安置流民，还可以恢复和发展经济。更为重要的是，这项措施有利于促进北方各族的农耕定居化，可谓一举数得。

冯太后去世后，孝文帝亲政，他推行的措施加大了鲜卑汉化的力度。孝文帝是由冯太后抚养长大的，非常喜欢阅读汉族的文化著作，对儒家、道家学说和史书都有浓厚的兴趣，据说在其亲政时期所有的诏书都是自己起草的。他虽是鲜卑人，但对汉文化仰慕已久。而他身边的鲜卑贵族大多顽固守旧，他想要推行力度更大的汉化措施，必会遭遇强大的阻力。所以，他意图迁都洛阳。

当时北魏的都城在平城（今山西大同市东北），此地不仅旧贵族的势力强大，而且靠近北方强大的民族柔然，在边防上也有危险。而洛阳地处中原，是几百年古都，也是汉文化的中心。迁都洛阳可以摆脱旧势力的束缚，大力实行改革。孝文帝明白，如果平白无故地迁都，则一定会遭到鲜卑贵族的强烈反对，所以他就绕了一个圈子。

公元 493 年，孝文帝宣布南征，消灭江南的齐国。这是一个名正言顺的理由，无人反对。孝文帝率领百万大军浩浩荡荡向南出发，到达洛阳时正好赶上下雨，淫雨霏霏，连绵不断，道路泥泞，士兵劳苦不堪，都不愿意再继续南进。很多大臣也劝孝文帝罢兵休战。

孝文帝正好顺水推舟，说："既然你们都这么说，我可以答应。但是我们大张旗鼓地出师，如果半途而废，实在不像话。既然你们不愿南征，那我们就把国都迁到洛阳。"大臣们生怕皇帝一意孤行，看到孝文帝做了让步，也就只好答应迁都。于是，孝文帝在第二年正式迁都洛阳。

迁都洛阳之后，孝文帝继续大力推行改革。他要求鲜卑人学说汉话，官员必须身体力行，尤其在朝堂上必须说汉话，否则就要降级处分。30 岁以上的鲜卑人一时学不会汉话，可

白捡的知识

北魏的改革

北魏前期皇帝谥号多用"武"字，从冯太后开始多用"文"字，这一定程度上体现了北魏统治者政治统治策略的转向。

学界一般以迁都洛阳为界，把北魏孝文帝改革分为两个阶段：前期由冯太后主导，以制度变革为主；后期由孝文帝主导，以移风易俗为主。

冯太后与孝文帝都重视儒术。孝文帝精通诸子百家、儒家经典，"《五经》之义，览之便讲，学不师受，探其精奥"，深厚的中国传统文化底蕴，促使他后来推行汉化政策改革。

北方游牧民族的"封建化"

主要表现：生活方式从"游"转为定居，生产方式从"牧"转为农耕。

但从广义上来说，封建化还包括北方游牧民族对中原王朝的政治制度、管理体制和文化的学习等。

以暂时照旧。孝文帝率先穿起汉族服装，又下令把鲜卑姓改成汉姓，把“拓跋”改为“元”，其他的鲜卑姓也都开始改姓，如“独孤”改为“刘”，“丘穆棱”改为“穆”，“步六孤”改为“陆”，“贺赖”改为“贺”等。此外，他还要求鲜卑人和汉人通婚，特别是鲜卑贵族，必须和汉人的世家大族结亲。这样，鲜卑的贵族逐渐汉化，鲜卑族和汉族日益融合。

改革都会遇到阻力，孝文帝的改革也不例外。守旧贵族看到孝文帝汉化的心意已决，无法改变，就把希望寄托在孝文帝的太子元恂（xún）身上。而元恂也确实不争气。元恂是一个大胖子，洛阳所在的河南地区夏天炎热，不如平城凉爽，他就想返回平城。孝文帝赐给他汉人的衣冠，他却经常私下穿鲜卑服装。有一个叫高道悦的官员屡次劝说他，反而遭到他忌恨。后来，他趁孝文帝出巡不在洛阳之际，想跑回平城，还亲手杀死了高道悦。

孝文帝着汉服

孝文帝得到消息后又惊又怒，急忙赶回洛阳，把元恂抓起来，历数他的罪过，亲手杖责元恂百余下，把元恂打得皮开肉绽不能走路，才让人把他拖出去囚禁起来，并且废为庶人，后来被孝文帝赐死。

北魏孝文帝改革，使北魏从政治到经济完全转变为汉族模式，鲜卑族和其他民族也日渐与汉族融为一体，北方的经济文化得到了很大发展。

以前在南方人看来，北方被习惯游牧的民族占领，已经是一片蛮荒之地。但孝文帝改革之后，又过了几十年，南方有一个叫陈庆之的人到洛阳，回去之后对人说："我原以为长江以北都是蛮夷的地盘，谁料到洛阳一看，衣冠人物都在中原，我们江东可比不了啊！"

白捡的知识

胡、汉，就是这样"相亲相爱"

魏晋以来，民族交融是时代趋势。北方和西北民族先后进入中原，建立政权。他们逐渐抛弃旧有传统，接受汉族的文化和生产、生活方式，逐渐演变成汉族新成员。北魏建国之初，统治者为了巩固统治，注重学习中原地区的经济、政治制度，如重视农业，将部落人口变成国家的编户齐民（编入户籍的普通平民），仿汉制设官，重用汉族儒生等。同时少数民族的文化也对中原汉族产生影响。一部分汉人在与胡人的接触过程中，受胡文化影响，穿胡服、说胡语、改胡名，生活方式和日常习俗也逐渐胡化，后来他们的子孙干脆以胡人自居。

同一片国土，同一个祖先

北魏拓跋珪即位后，采纳汉臣建议，追溯其祖先为黄帝。此后多个皇帝通过祭祀延续了这一祖先认同。孝文帝时，强化了这一认同，并且因黄帝"以土德王"，"黄中之色，万物之元也"，故而改姓元。

思维导图

北魏孝文帝推行汉化是功是过

- 公元386年，拓跋部首领拓跋珪建立北魏
- 公元439年，北魏完成北方统一
- 公元494年，孝文帝迁都洛阳，大力推行改革
  - 鲜卑人说汉话
  - 鲜卑姓改汉姓
  - 鲜卑人和汉人通婚

发散思考

对于孝文帝的改革，大多数人都持肯定态度，但也有人认为，他也吸收了汉族文化中的糟粕，比如门第观念和礼教，这使鲜卑人失去了原有的质朴和生命力，对北魏政权造成了恶劣影响。对此，你怎么看？

第二十二章

北朝历史——『东西魏，北齐周』

○南北朝这段历史常让人感觉眼花缭乱。北魏怎么分成了东魏和西魏？然后东魏又是怎样变成了北齐？西魏是在谁手里变成了北周？北齐、北周又有哪些匪夷所思的人和事？

敲黑板

· 北朝的政权更迭与政治局势

历史上对于北魏孝文帝的汉化改革基本是褒多贬少，人们肯定这次改革对于历代发展，特别是对于民族结构变化所产生的作用。

但是，这场改革对于北魏政权来说，是否起到了巩固统治、长治久安的作用呢?

孝文帝在世时间很短，年仅 32 岁就去世了。此时北魏的统治中心已经完全转移到洛阳，这虽然非常有利于汉化和经济文化的发展，却导致了一个意想不到的结果，对北魏几乎产生了致命影响。这就是“六镇起义”。

北魏建立之后，北方有一个强大的游牧民族叫柔然，它对北魏造成了很大的威胁。为了应对柔然的威胁，北魏在平城以北设了 6 个军镇，这些军镇的守卫者大都是鲜卑人，由于他们承担着维护北魏安全的使命，自然就有很多特权，如免除赋税徭役。奖赏同样丰富，他们一旦立下军功便能迅速得到升迁，出人头地。

俗话说，此一时彼一时。后来北魏对柔然作战节节胜利，边境的威胁得到缓解，军镇就不太受重视了。尤其是孝文帝迁都洛阳以后，这些北方的军镇因为距离都城遥远，就越来越受到冷落。

随着孝文帝推行汉化改革，汉人被大量起用，鲜卑人的地位逐渐下降，他们想通过军功获得升迁越来越难。用现代术语来讲，他们日益被“边缘化”。他们当然对现状非常不满，从公元523年开始，北方军镇连续发生大规模的起义，声势浩大，波及今河北、山东、陕西和甘肃地区。北魏政府出兵数十万，花费6年时间才把这次起义平定下去。

此时，北魏的中央政权也出现了问题。

公元515年，年仅5岁的孝明帝即位，他的生母胡太后临朝听政。胡太后的私生活很不检点，铺张奢华。她笃信佛教，滥用国家资财修建佛寺佛塔，致使民众负担沉重。孝明

白捡的知识

祸根

孝文帝在改革中实行“定姓族”，模仿汉族原有的门第观念，对鲜卑贵族也加以区别，人为规定高低等级。同时，孝文帝改革推动民族交融的措施以汉化为主，使得有浓重鲜卑族特色的六镇军人逐渐被边缘化，这是“六镇起义”发生的原因之一。

鲜卑人此时分为两支，一支为北方鲜卑，一支为南下鲜卑。

随着孝文帝改革，南下鲜卑贵族地位不断升高；而留于北方边镇的鲜卑贵族则被日益边缘化。这种不平衡导致北方边镇连续发生大规模起义，加速了北魏的覆亡。

北方少数民族交融的进程也在北魏灭亡前后出现短暂的反复。在河阴之变中，尔朱荣把迁到洛阳的汉化了的鲜卑贵族和北魏朝堂上的汉族高官消灭殆尽，彻底改变了北魏的历史走向。

帝年纪稍长后，对母亲的行为非常反感，但苦于自己无势，便想联络外臣夺权。

在镇压六镇起义的过程中，驻守晋阳的北魏大将尔朱荣的力量发展起来了。孝明帝便给尔朱荣发密诏，命他进军洛阳胁迫胡太后交权。胡太后发觉之后，竟然毒死了自己的亲生儿子孝明帝，另立了一个小皇帝。

尔朱荣率军进入洛阳，将胡太后和她册立的小皇帝扔进河淹死。后来，以祭天为名，把王公大臣 2000 多人召集至河阴（今河南洛阳市孟津区东北）行宫，指责他们贪婪残暴，不能尽心辅助朝廷，命令手下斩杀诸臣。这就是所谓“河阴之变”。自此北魏的中央政权基本被尔朱荣一网打尽。

此时的北魏朝廷实际上已经完全被尔朱荣控制，尔朱荣另立孝庄帝。但是孝庄帝不甘心做傀儡皇帝，于是诱尔朱荣进宫，亲手杀死了他。这之后，尔朱荣的亲信部将以为尔朱荣复仇为由进军洛阳，杀死孝庄帝。后来这些部将彼此之间又争斗不断，北魏的皇帝频繁更换，连着出现好几个短命的小皇帝。

最后，尔朱荣手下的得力干将高欢消灭了其他竞争对手，拥立孝武帝。在这期间，北魏政权从尔朱荣专权变成了高欢专权，皇帝威风扫地，越来越没有权威。孝武帝虽是高欢所立，但是他对高欢的专权非常不满，可是自己没有力量，就想逃脱高欢的控制。公元 534 年，孝武帝从洛阳出逃，逃向长安投奔北魏的另一个权臣宇文泰。高欢只好又另立了一个小皇帝。

这样，北魏政权就发生了分裂。被高欢控制的地区，被称作“东魏”；被宇文泰控制的关中地区，被称作“西魏”。10 多年后，高欢的儿子高洋废掉东魏孝静帝，自立为帝，国号齐，史称北齐。

后来宇文泰的侄子宇文护也逼西魏恭帝禅位于宇文觉，国号周，史称北周。这样东魏、西魏的对峙就变成了北齐和北周的对峙。

历史上把从公元 439 年统一了黄河流域的北魏与分裂之后的东魏、西魏、北齐、北周这 5 个政权合称“北朝”。

北齐和北周的对峙持续了 20 多年，最初的局势是北齐强而北周弱，因为北齐事实上是在北魏的基础上建立起来的，它继承了北魏的大部分人口和军队，经济基础雄厚。所以在两国的战争中，往往是北齐采取攻势，北周采取守势。

据记载，当时北周与北齐以黄河天险为界，每到冬天黄河结冰，这道天险就不存在了，北齐的铁骑可以从冻结的河面上轻而易举地攻打进来，所以北周只好派将士去“椎冰”，即把冰面打破，防止北齐进攻。可是后来这种形势就反过来了，变为北齐军队“椎冰”，这说明双方的强弱对比发生了变化，而这种变化和两国的内政息息相关。

北齐的建立者高洋是一个“怪人”。他虽自幼沉默寡言，但其实城府极深，有雄才大略，杀伐果断，是一个有作为的君主。他即位以后，曾经励精图治，当时北齐的国力很强盛。

但是从公元 555 年开始，高洋执政的风格大变。他变得荒淫腐化，不仅残暴好杀，而且经常做出常人不可理解的事情。他经常在严冬季节赤身裸体地行走于街道，随从受不了寒冷，可他却神态自若。他还喜怒无常，曾亲手把他的一个妃子杀死，将妃子的头颅揣在怀里，若无其事地去找人喝酒，后又用妃子的腿骨做了一个琵琶，自弹自唱。妃子下葬的时候，他还蓬头垢面地跟在后边大声哭号（háo）。

诸如此类的事发生多次，他的母亲娄太后发现儿子越来越不像话，就经常责骂高洋。高洋比较孝顺，想让母亲开心，就用手把母亲坐的胡床举起来，没想到差点儿把母亲摔死。

他对自己的母亲还算客气，但对兄弟非常残忍。他的两个弟弟经常规劝他，他一怒之下把他们投入监狱，关在地牢中，日常生活都在一个铁笼子里。后来他去看望两个弟弟，在他们面前放声高歌，要求他们唱和（hè）。这两个人歌声悲凉，高洋也动了一点恻隐之心。可后来他却亲自下令把二人烧死。他还屠杀了北魏的全部元姓皇族，连婴儿都不放过。

历史上暴虐的皇帝很多，但是像高洋这样的实在少见。有人说他在得到权力之后志得意满，本性暴露；也有人认为，他有精神疾患，行为病态。如果真是后者，那么一个有精神障碍的人坐在皇帝的位子上，这个国家会成什么样子呢？虽然高洋本人 33 岁就去世了，但他的继任者上行下效，这使北齐的政治越来越腐败，国力日益衰弱。

与北齐相反，北周的几代君主都很有作为。他们延续了北魏孝文帝的汉化方向，重用有才干的汉臣，仿照汉族的政治文化传统来改革政治制度，继续推行均田制，因此国力蒸蒸日上。

公元 575 年，北周对北齐发动总攻，连续攻占了北齐的很多军事要地。北齐很多能征惯战的大将都因为皇帝猜忌被杀，兵败如山倒。第二年年初，北周大军围困了北齐的都城邺（今河北临漳县西南邺镇东），北齐到了生死关头。

有的大臣请北齐后主高纬把自己的金银财宝赏赐给将士们，鼓励他们保卫国都，而高纬竟然不高兴。有的大臣请高纬亲自去检阅慰劳将士，并且说："陛下您一定要慷慨激昂地鼓舞军心士气。"高纬听从了这些大臣的建议，但等他到了众人面前，他竟忘记了自己要讲的慷慨陈词，对此他还觉得特别好玩儿，竟然大笑，随从也跟着笑。这种行为把将士们都激怒了，将士们说：“他身为皇帝尚且如此，我们何必着急？”将士们于是都不肯用心作战。

北周最终灭掉北齐这个残暴而昏庸的政权，再一次统一了北方。

思维导图

北朝历史——“东西魏，北齐周”

- 朝代更迭
  - 北魏，河阴之变后，尔朱荣专权
  - 北魏政权分裂，高欢控权的为东魏，宇文泰控权的为西魏
  - 东魏改为北齐，西魏改为北周
  - 北周最后灭掉北齐，再次统一北方

发散思考

北朝的5个政权经历了哪些更迭？

第二十三章

南朝历史——『宋齐继，梁陈承』

○在南方东晋的基础上先后建立起4个政权：宋、齐、梁、陈，它们前后承继更迭，都城都在建康，所以被合成为『南朝』。其中实力最强大的是宋，实力最弱小的陈撑持到公元 589 年，最终为北方的隋所灭。

南朝指的是从公元 420 年到公元 589 年，在南方东晋的基础上先后建立起来的 4 个政权：宋、齐、梁、陈。这 4 个政权基本上是前后承继更迭的关系，都城都在建康，所以历史上把这 4 个政权合称为“南朝”。

南京在历史上被称为六朝古都。这并不是说历史上只有 6 个政权在南京定都，而是指在魏晋南北朝时期一共有 6 个政权定都于此，即孙权建立的东吴（南京时名建邺）、东晋和南朝 4 个政权。

南朝的 4 个政权有一些共同点。比如，它们的建立者都是前代的领军大将，都是以军权来夺取政权的；每个朝代的统治时间都不长，宋的统治时间最长，也仅有 60 年，而南齐的统治时间最短，只有 24 年；它们所实行的制度都比较相似；南朝时期世家大族开始走下坡路；这个阶段南方的经济得到了较快发展；南朝的佛教比较盛行。

但是这4个政权也有一些不同之处。在这4个政权中，统治时间最长、实力最强、领土面积最大的是宋。

刘裕是宋的建立者，小名寄奴，祖籍彭城（今江苏徐州市），后来迁至京口（今江苏镇江市）。南宋词人辛弃疾的名作《永遇乐·京口北固亭怀古》里有一句：“斜阳草树，寻常巷陌，人道寄奴曾住。”这里的寄奴就是刘裕。刘裕自幼家境贫寒，后投身东晋北府兵中，因作战勇敢，擢升北府兵大将，在一系列的内外战争中立下赫赫战功，逐渐掌握了东晋的实权。公元420年，刘裕废黜东晋末代皇帝，建立了宋政权。

刘裕是一个文武全才。他连续出兵灭掉了北方的南燕、后秦等国，收复了淮北、山东、河南、关中等大片土地，洛阳和长安两大名都也曾被他收复。所以宋的统治区域是南朝中最为广大的。

刘裕在内政方面同样很有作为。他来自社会底层，深知民间疾苦，而且他长期在东晋为将，能够准确把握东晋存在的问题。所以，他掌握政权以后采取了有针对性的措施来治理国家。比如，他颁布相应措施以减轻人民的赋税负担，这对于缓和矛盾、发展生产起了很大的作用。

当时南方的很多人都是从北方躲避战乱而来，最初这些人依旧采用自己北方故乡的籍贯，并没有编入南方的郡县籍贯，这就给豪门世族以可乘之机，他们把这些从北方来的人变成自己控制的人，国家因此失去了众多的劳动力和赋税来源。

东晋政府意识到了这个问题，开始推行“土断”政策。所谓“土断”，指无论本地人、外地人，都统一在现在居住的郡县编定户口，纳税服役。到了刘裕这里，继续大力推行“土断”政策。这不仅增强了国家的经济实力，也在一定程度上减轻了民众的负担，同时还能有效地抑制世家大族的势力。

刘裕非常重视从社会底层提拔人才，很像以前曹操推行的“唯才是举”，这对世家大族把持权力的状况造成了冲击，也从政治上削弱了他们的地位。他不仅治国严谨，而且生活也很节俭，不喜奢华。后来他的孙子宋孝武帝想把刘裕住的地方改造成一座宫殿，竟发现他的床头是土障，墙上挂的是布做的灯笼、麻绳编成的蝇拂。这样的一位君主在历史上也属难得。明朝的大学者李贽（zhì）称赞他是“定乱代兴之君”。

刘裕开创的局面，在其子宋文帝刘义隆时期得到进一步扩大。宋文帝在位 30 年，在位时他继续推行刘裕的政策，所以这段时期政治稳定，经济繁荣，出现了乱世之后难得的盛况。刘义隆的年号叫元嘉，所以这段时间就被称为“元嘉之治”。

可是宋文帝的武略不如他的父亲，他想继续出兵北伐，却碰上势头正盛的北魏，吃了败仗。后来北魏大军大举南下威逼建康，虽然没有成功，但是导致江淮之间一片萧条，损失惨重，“元嘉之治”就此结束。随后，宋政权也陷入了残酷而频繁的内斗，皇室之间为了争权夺利自相残杀，最后被大将萧道成夺取了皇位，建立了南齐政权。

南齐政权只存在了 24 年，却经历了 7 位皇帝，可见政局之动荡。而且，南齐的皇帝多是昏君、暴君，前两位皇帝萧道成和萧赜（zé）还算明白事理，后面 5 位皇帝却个个不成器。

萧赜死后，继位的是他的孙子萧昭业。萧昭业相貌俊美，写得一手好书法，萧赜生前非常喜欢他，临死前拉着他的手说：“你要是想我，就好好做皇帝。”可是萧昭业完全辜负了祖父的希望。当年他父亲病重而死的时候，他在病榻前服侍，极为尽心。居丧期间，悲痛万分，等回到自己的住处，就欢歌笑语，大吃大喝。祖父病重的时候，他让一个姓杨的女巫每天咒其祖父快死，以便自己继位。等如愿以偿之后，他就原形毕露。

南齐的前两代皇帝生活都很简朴，对子孙的约束很严。萧昭业即位后，挥霍无度，曾经对着钱恨恨地说：“我以前想你的时候，一个都得不到，看我今天怎么用你！”当时国库中积蓄了数亿钱，金银布帛不计其数，他登基不到一年，便挥霍了大半。

南齐的第五位皇帝萧鸾是萧道成的侄子，是篡位皇帝。他担心萧道成的子孙夺权，就大规模地残杀宗室，他的儿子萧宝卷有过之而无不及。据说萧鸾临死前留给儿子的遗嘱是：做事不可在人后。所以 16 岁的萧宝卷杀人不眨眼，丝毫不逊于萧鸾，只要对人产生怀疑，便立刻诛杀。

白捡的知识

检籍——户口大清查

南齐时期，曾下令检籍。当时世族可“百役不及”，凭“籍状”即可认为是世族，许多人便伪造身份，伪称世族，逃避赋役。此举导致政府收入下降，兵员减少，故南齐下令检籍。

萧宝卷性格内向，不爱说话，不爱和大臣接触，经常出宫闲逛，有时候一个月中外出 20 多天。他外出不愿意被人看见，撞见谁就马上杀了。所以地方官要时刻留意，只要发现他出宫，立刻驱逐百姓，街道上空无一人，连道旁的店铺都空空如也，人民无法正常生活。他特别喜欢做屠夫、商贩一类的事，曾在宫中设立市场，让宦官杀猪宰羊，宫女卖酒卖肉。

萧宝卷生性吝啬，大将萧衍起兵讨伐他，大臣劝他把宫中的财物拿出来犒赏军队，他竟然说："难道敌人来了只杀我一个吗？为什么只让我出钱？"可见其利令智昏。

萧衍夺取皇位以后，建立了梁政权。萧衍在位的时间很长，有 48 年之久。他在位前期，勤于政事，对于前代的弊端有所纠正。但是到了晚年，随着年事渐高，他越来越倦怠政事，结果给梁朝招来了一场灭顶之灾——侯景之乱。

侯景是东魏的奠基人高欢的部下，为人残暴又善于见风使舵。高欢死后，他和高欢的继承人不和，先投靠了西魏，同时又向梁投降，表示愿意献出河南的土地。梁武帝萧衍想借此机会收复中原，就接受了侯景的投降，把侯景安置在寿春（今安徽寿县）。东魏接到侯景叛乱的消息后，出兵围剿侯景。可是没过多久，萧衍又和东魏讲和了，打算与东魏交换侯景，这让侯景觉得自身难保。于是侯景索性起兵作乱，很快就攻占了梁的都城建康，萧衍被他囚禁，最后病饿而死。

侯景的军队非常残暴，专门残杀无辜，抢劫百姓，这场动乱整整 4 年才被平息，打破了江南地区几十年的平稳局势，建康城几乎沦为废墟。

北方的西魏趁火打劫，出兵占领长江中游的重镇江陵（今湖北荆州市），把当地的妇孺老幼统统杀死，又将王公以下数万人驱赶到西魏的都城长安做奴婢。建康和江陵是江南的两大重镇，是南方的政治经济重心，但是经过这场动乱，变得非常萧条。梁的统治土崩瓦解，开始发生夺权的混战。最终，梁的大将陈霸先取代了梁敬帝的统治，建立了南朝中的最后一个政权——陈。

在梁的废墟上建立起来的陈，是南朝中最弱小的政权。它撑持到公元 589 年，最终为北方的隋朝所灭。中国在经历了东晋十六国和南北朝 270 多年的动乱和分裂之后，终于又实现了南北统一，此后中国历史进入了一个新的时代——隋唐。

思维导图

南朝历史——“宋齐继，梁陈承”

- 朝代更迭
  - 公元420年，刘裕废黜东晋末代皇帝，建立了宋政权
  - 萧道成灭宋政权，建立南齐政权
  - 萧衍夺取南齐政权，建立梁政权
  - 陈霸先夺取梁政权，建立陈政权

发散思考

南朝的政权更迭是怎样的？

第二十四章

『士族』是一群怎样的人

○『旧时王谢堂前燕，飞入寻常百姓家。』这首诗中的『王』是『王与马共天下』的王导家族，『谢』是淝水之战中东晋宰相谢安的家族。这两家是士族的代表。士族到底是一群怎样的人呢？

唐朝著名诗人刘禹锡曾写过一首有名的诗《乌衣巷》："朱雀桥边野草花，乌衣巷口夕阳斜。旧时王谢堂前燕，飞入寻常百姓家。"这首诗中的"王""谢"都是历史上出现过的著名人物："王"是那位"王与马，共天下"的王导，"谢"是淝水之战中东晋的宰相谢安。其实，"王""谢"并不仅仅指这两个人，还指他们这两大家族，更是指以这两大家族为代表的一个特殊群体——士族。

士族到底是一群怎样的人呢？

东汉时期，豪强地主的势力得到迅速发展，但其中也存在等级差别。那些常居高官显职的世家大族是豪强的上层，比如，四世三公的袁绍家族就是典型代表，而出身不如袁绍显赫的曹操就属于下层豪强的代表。因此，曹操的门第观念不强，反而通过"唯才是举"的标准来提拔社会下层的人才，这当然对世家大族的地位造成了影响。曹操对这些人的态度是：凡是拥护自己的，就委以重任；凡是反对自己的，则毫不手软地除掉。

曹操杀掉的人包括孔子的20代世孙孔融、出自弘农华（huà）阴（今陕西华阴市东南）杨氏家族的杨修和出自颍川（今河南许昌市）荀氏家族的荀彧等，他们都是各地望族出身。其中荀彧被称作王佐之才，是曹操一度非常倚重的谋士，曹操曾把他看作自己的张良。但荀彧后来因反对曹操做魏公，得罪了曹操。曹操派人给他送了一个食盒，荀彧打开一看，里面空无一物，便服毒自尽了。

由此可见，曹操和这些大族之间的关系一度非常紧张。曹操死后，他的儿子曹丕认识到稳定政权必须要依靠这些大族的支持，于是改变了曹操“唯才是举”的选官方式，实行了一种新的选官制度——九品中正制。

九品中正制也称九品官人法，指在中央政府里选择一些有名望的官员，按照他们的籍贯，让他们担任本乡本土的“中正”。“中正”的职责就是负责寻访本地的士人，根据他们的家世和品行，给他们定品级。品级共分九等：上上、上中、上下、中上、中中、中下、下上、下中和下下。中央政府任用官员，就以这些人的品级为标准，品级越高，出任的官职越高；品级越低，出任的官职越低，甚至不能入仕为官。

中正在评定士人品级的时候，名义上以人才优劣为标准，但由于这些中正基本都出自本地的世家大族，所以确定品级的权力实际上被这些大族垄断，而他们评定的标准，主要是家世的高低。所以这对于维护世家大族的特权地位起到了重要作用。

得到了这些世家大族的支持，曹丕顺利地废掉汉献帝，建立了曹魏政权，而世家大族的力量也得到了发展。其中司马家族后来还夺取了曹家的皇位，建立了西晋。到了西晋时期，由于九品中正制长期推行，因而出现了“上品无寒门，下品无势族”的现象，即被评定为上等、可以做高官的士人当中，没有出身于社会下层的，而被评定为下等、只能做小官或不能做官的士人当中，没有出身于世家大族的。

这相当于形成了一种等级制度：那些家族成员位居上品、担任高官的家族被称为士族，而那些出身低贱的家族，则被称为庶族。

由此看来，士族就是出身显赫，在政治上担任重要官职，在经济上占有大量土地和劳动力，在文化上也有巨大影响力的特权阶层。而士族制度，就是士族按照自己的出身门第把持政权、占有其他资源的制度。

客观地讲，士族对于防止此时北方动乱波及江南，对于继承和发展汉族文化传统有重要贡献。这些家族中还涌现出很多杰出的政治、军事和文化人物，如出自琅琊王氏的政治家王导、大书法家王羲之、儒学宗师王俭，陈郡阳夏（今河南太康）谢氏一门更是名人辈出，有政治家谢安、名将谢玄和谢琰（yǎn）、大诗人谢灵运和谢朓（tiǎo）、著名的才女谢道韫（yùn）等。

这些士族春风得意、顺风顺水，但是他们心里很清楚，他们的权力和地位是建立在出身门第基础上的，一旦这个基础动摇，他们的势力就会走下坡路，所以他们特别看重门第的特殊性，从来不和庶族通婚，也不和庶族交往，甚至不与之共坐。

南齐第二任皇帝——齐武帝萧赜特别宠信一个叫纪僧真的大臣。纪僧真出身低微，但谈吐优雅、风度翩翩。齐武帝有一次看着他的背影说：“人何必计门户？纪僧真堂堂，贵人所不及也。”

纪僧真因自己出身低贱，觉得面上无光，虽然得到了皇帝的信任，但是总感觉有所欠缺。于是他向齐武帝请求：“我出身于一个小小的县武官，您能不能让我做士大夫？”齐武帝却说：“此事须由江斅（xiào）（当时的士人领袖）做主，你可以去求他。”纪僧真去见江斅，没想到刚刚坐定，江斅就命令手下道：“把我的座位挪开，我不能和这位客人共坐。”纪僧真丧气而归，向齐武帝抱怨说：“看来士大夫的职位真的不是天子能决定的。”

这也是士族的问题所在。正所谓“问渠那得清如许，为有源头活水来”，因为这些士族太看重自己的门第了，一心要保持门第的纯洁，而这就使得他们无法从其他阶层吸收新鲜血液，所以他们的生命力也就逐渐消退了。

另外，由于士族单靠出身就可以获得高官显职，享受荣华富贵，而无须后天辛苦努力，所以他们往往尸位素餐、玩忽职守。如果说担任文职的士族还可以高谈阔论、滥竽充数，那武将这类职务是他们万万不能胜任的。

王羲之有个儿子叫王徽之，是当时一位名士，生性高傲、放荡不羁。他住在山阴县（今浙江绍兴）时，有一夜下大雪，他一觉醒来，兴致勃勃地喝酒赏雪，突然想起自己有个住在剡（shàn）县（今浙江嵊（shèng）州市）的朋友戴逵（kuí），于是他连夜坐小船去找戴逵。小船走了一夜才到，但到了戴家门口，王徽之却没有进去，反而原路返回了。别人问他为什么这么做，他说：“我乘兴而去，兴尽而返，何必一定要见到戴逵呢？”这就是著名的“雪夜访戴”的故事。

王徽之曾经做过骑曹参军。有一次他的上司桓冲问他：“你是负责哪个部门的？”王徽之说：“我好像是管马的。”桓冲又问："你管多少马？"王徽之说："我从来不过问这些事，哪里知道有多少马？"桓冲又问："听说最近很多马得了病，死了多少匹马？"王徽之引用了一句孔子的话说："未知生，焉知死？"

王徽之这样的人做个名士还可以，但若把军国大事托付给他，岂不误事？可是军队是国家不可或缺的组成部分，尤其是在战争频繁的年代，士族不中用，只能从庶族中提拔人才。这样，部分庶族开始在军旅中出人头地，掌握实权。

南朝 4 个政权的开国皇帝都曾是前代的领军大将，而且他们均不是世家大族出身。他们以军权夺政权之后，大都会采取措施以抑制门阀势力，提拔寒门。所以进入南朝以后，士族门阀开始走下坡路。士族子弟的生活也越来越腐败，就连体质都变得虚弱了。

有资料记载，梁朝的士大夫喜欢穿肥大的衣服，系宽衣带，戴大帽子，穿高齿鞋。他们出门要坐车，走路要人扶持，根本不会骑马。建康令王复没有骑过马，见到马嘶叫跳跃，吓得对旁人说："这明明是老虎，为何取名为马呢？"

南朝梁时期发生"侯景之乱"时，当时的士大夫们都没有逃难的能力，因为他们体质虚弱，走不动路，也耐不得饥饿冷热，所以大批士大夫在这场动乱中死去，这使得南朝的士族势力越发衰落。本章开头《乌衣巷》这首诗反映的就是士族衰落的现实。诗中提到的"乌衣巷"是南朝建康士族的聚居区，要去乌衣巷，必过朱雀桥。可见东晋南朝时这个地方应是一个车水马龙、门庭若市的地方，然而现在却野草丛生。那些原来在王家谢家堂前觅食的燕子，如今也飞入寻常百姓家了。

当然，刘禹锡描绘的是唐朝时期的景象，唐朝导致士族门阀进一步衰落的因素还有很多，就不在此章说明了。

王复

思维导图

“士族”是一群怎样的人

- **士族的特点**
  - 士族就是出身显赫，在政治上担任重要官职，在经济上占有大量土地和劳动力，在文化上也有巨大影响力的特权阶层
- **士族制度**
  - 士族按照自己的出身门第把持政权、占有其他资源的制度
- **士族的兴衰**
  - 西晋时期，由于九品中正制长期推行，因而出现了“上品无寒门，下品无士族”的现象；南朝战争频繁，士族不中用，部分庶族开始在军旅中出人头地，掌握实权，士族门阀逐渐衰落

发散思考

士族的兴衰，带给你哪些启示呢？

你可以从中汲取哪些历史经验教训呢？

第二十五章

佛教为何在南北朝时期盛行

○佛教，今天已经深入人心，即便你不是佛教信徒也一定听到过佛祖、菩萨、罗汉等名词。佛教是什么时候传入中国的，其爆发式增长又发生在哪个年代？『三武一宗』的灭佛运动又是怎么回事？

敲黑板

· 佛教的传入与发展

· 佛教快速发展的原因及其影响

因为唐朝和南北朝的时间间隔不长，所以唐朝还有很多和南北朝有关的诗作。比如，唐朝大诗人杜牧的《江南春》：“千里莺啼绿映红，水村山郭酒旗风。南朝四百八十寺，多少楼台烟雨中。”这首诗反映了南北朝时期一种重要的文化现象——佛教的盛行。

佛教、基督教和伊斯兰教并称世界三大宗教。相传在前 6 世纪到前 5 世纪，古印度河流域的迦毗（pí）罗卫国（今尼泊尔境内，一说印度境内）净饭王的儿子乔达摩·悉达多，即释迦牟尼创立了佛教。对于中国来说，佛教完全是舶来品。据说佛教传入中国内地的路线有两条：一条是陆路，通过陆上丝绸之路，由中亚传入今天的中国新疆地区，再传入中国大陆；第二条是海路，由印度洋、南海等水域通往中国的广州、泉州诸港。在这两条路线中，陆路是最重要的。

至于佛教传入中国的时间，众说纷纭，最常见的说法是东汉初年佛教传入中国。东汉的第二个皇帝汉明帝刘庄有一天夜里做了一个奇怪的梦：一个高大的金人，头顶上放射白光，降临在宫殿中央，倏（shū）忽之间又不见了。汉明帝醒来以后百思不得其解，就向大臣询问。有人说，天竺有得道者曰“佛”，飞行虚空，身有日光，陛下看见的可能就是佛。汉明帝非常好奇，派了几个官员到西域去求佛法，结果官员在大月氏（zhī）遇到了两个僧人——迦叶摩腾和竺法兰，还得到了很多佛像和佛经，他们把两个僧人带回洛阳，同时用白马把佛像和佛经也驮回了洛阳。汉明帝特意在洛阳建造了一座白马寺，迦叶摩腾和竺法兰就在寺里翻译佛经，从此佛教在中原逐渐传播开来。当然，这仅仅是其中一种说法，也有人说佛教是西汉后期传入中国的。

白马寺

魏晋南北朝时期，佛教在中国迎来了第一个黄金时期。这时佛教的信徒有王公贵族、达官贵人，也有平民百姓，还有大量的人出家做和尚、尼姑。据记载，东晋有 1700 多座寺庙，僧尼 24000 多人。到南朝梁的时候有 2800 多座寺庙，82000 多僧尼。北方更甚，到北魏末年，僧尼竟然达到 200 多万人，寺庙 3 万有余。

这个时期为什么会出现宗教情怀大爆发的现象呢？

魏晋南北朝给人的深刻印象就是“乱世”。分裂的局面、频繁的战乱、残破的经济、至爱亲朋的生离死别和朝不保夕的生活，让人们产生深深的无力感。人们都希望早些结束混乱和动荡，让社会安定下来。然而，历史的演变不以人的意志为转移，战乱还在继续，生命还在大量地、无意义地、快速地消失。面对冷酷又无法改变的现实，佛教的教义更加容易深入人心。

佛教的基本教理是“四谛（dì）说”，即 4 个真理。其一，苦谛。这是佛教对人生的基本看法，佛教认为人生如泛舟苦海，是由各种苦恼贯串的，如生老病死、怨憎会、爱别离、求不得等，所以人生是苦难的集合体。其二，集谛。解释苦从何来。人有各种各样的欲望，在欲望的驱使下就会采取行动，所以会出现相应的结果。由于灵魂不灭、转世投胎，因此来世要为今世的行为付出代价，这就是所谓“善有善报，恶有恶报”。其三，灭谛。既然欲望是导致苦难发生的原因，那么就要消灭欲望，追求正大光明、超凡脱俗，便可脱离痛苦，获得精神上的解脱，达到涅槃的境界。其四，道谛。如何消灭欲望？修道。修道有很多具体的方法和途径。

通过对佛家教义的简单了解，我们可以看出佛家区别于以儒家为代表的中国传统思想的特点。首先，用现在的话讲，佛教可以给人提供“终极关怀”。苦难众生从佛教中可以获得慰藉，尤其是在乱世的环境中。所以，信徒自然会越来越多。其次，佛教有一套完整、周密的逻辑体系，是对人生哲思的探究。而与佛教相比，儒家更偏向体现为一种对人进行约束的伦理道德学说，缺乏对人生的深刻思考。尤其是儒家要求信徒积极进取，但是这并不能阻止自东汉末年以来社会的大动乱，在混乱面前，儒家显得无能为力。这其实已经被一些士大夫发现了，如“竹林七贤”，而现在，他们开始从佛教中去寻找答案。东晋南朝时期的大名士、大官僚，如王导、谢安、王羲之、顾恺之等都和僧人有着密切的联系。

佛教并不主张用积极的手段去改变社会，而是主张教徒改变自己，获得解脱。这有利于统治者加强社会统治。

当时的佛教信徒中有很多皇帝，其中最著名的是南朝梁的开国皇帝——梁武帝萧衍。萧衍晚年成为佛教的狂热信徒，不仅精研佛法，还身体力行，到建康城最大的寺庙同泰寺出家做和尚，反反复复好几次，每次都要大臣用数亿钱把他赎回来。他还从经文中找到僧人必须吃素的依据，从此，汉传佛教的僧人形成了吃素的传统。

平心而论，佛教的传入和盛行不仅为大量的普通民众提供了精神慰藉，也极大地丰富和发展了中国的文化。很多著名僧人对此做出了重要贡献。其中既有外来的僧人，也有中国本地的僧人。在外来僧人中，最著名的是鸠摩罗什。他生于龟（qiū）兹（今新疆库车市一带），对佛法的造诣很深，后来被十六国中后秦的皇帝姚兴邀请到长安翻译佛经。鸠摩罗什在长安组织了一个规模盛大的僧团，翻译了数百卷佛经，而且内容非常系统，远远超过前代。

中国本土僧人的杰出代表则是法显。我们听说过唐僧取经的故事，其实法显才是最早去天竺取经、求佛法的僧人。印度是佛教的发源地，所以外国僧人都渴望到印度去寻求原始经典。法显俗姓龚，平阳（郡治今山西临汾西南）人。他在公元 399 年和其他几位僧人一起从长安出发，经今天的兰州、张掖，出敦煌，过敦化，遍历今印度各地。他在国外活动了 10 余年，公元 412 年搭乘商船回国，途中遭遇暴风，辗转几个月才到今山东地区。当时山东还是东晋的地盘，他无法回到后秦的长安，于是转去建康，致力于翻译佛经。他这次西游，历时 14 年，到访 30 余国，堪称一次壮举。这个时期，和佛教有关的艺术形式也非常活跃，我国著名的三大石窟（即龙门石窟、云冈石窟和莫高窟）是在这个时期开凿的。

洛阳龙门石窟开凿于北魏迁都洛阳之后，与云冈石窟造像粗犷相比，洛阳龙门石窟的佛造像服饰衣袖宽大，有典型的中原文化特色，这反映了佛教的本土化，北魏改革学习中原文化，影响了佛教造像艺术。

不过佛教的兴盛也带来了一些问题，激起了不少人的反对。有人从比较狭隘的文化本位立场出发，认为佛教是蛮夷的东西，不能用它来影响华夏。有人反对佛教的教义，比如南朝著名的学者范缜（zhěn）写过一篇《神灭论》来驳斥佛教灵魂不灭的观点。范缜提出“形神相即”的观点，认为人的精神与肉体是统一的，形体存在，精神才存在，否则精神就会消失。就像“锋利”之于“刀刃”才有意义，如果“刀刃”消失了，“锋利”怎么可能脱离“刀刃”而独立存在呢？也有人指出佛教引起的一些具体现实问题，比如大量的人出家做和尚、尼姑，对社会经济造成了严重的影响。有一些地方的寺庙占有大量的土地和人口，聚敛财富，所以北朝中的北魏太武帝拓跋焘和北周武帝宇文邕都曾经采取过强硬的措施反对佛教，如强令僧尼还俗，拆毁寺院等。佛教一度受到打击。

白捡的知识

三武灭佛

三武灭佛为北魏太武帝灭佛、北周武帝灭佛、唐武宗灭佛三件事的合称，若加上后周周世宗灭佛，则合称为“三武一宗之厄”。这些事件沉重打击了佛教在中国的发展，在佛教史上被称为“法难”。

灭佛的真正目的不在于佛教的对错，而在于佛教占据了社会太多的资源。第一，寺庙里的和尚、尼姑不仅不劳动，还不纳税服役，政府就没有劳动力，也少了很多税收；第二是土地，因为佛寺的土地可以免税，很多老百姓就把土地送给寺庙，自己再租种寺院的地，以此避税。第三，铜被大量用来铸佛像，政府就没铜铸钱了。

思维导图

佛教为何在南北朝时期盛行

- 面对冷酷而又无法改变的现实，佛教的教义会比其他时刻更加容易深入人心
- 佛教可以给人提供“终极关怀”
- 佛教有一套完整、周密的逻辑体系，是对人生哲思的探究
- 开凿三大石窟

发散思考

从总体上说，佛教在中国呈现出不断发展壮大的趋势。直至今日，佛教已经成为中国传统文化中不可或缺的组成部分。你认为这是什么原因呢？

你知道魏晋南北朝以后佛教的发展状况吗？

第二十六章 被低估的隋朝

○中国在经历了东晋十六国和南北朝 270 多年的动乱和分裂之后，终于又实现了南北统一，此后中国历史进入了一个新的时代——隋唐。

隋，从建立到灭亡一共才 38 年，在这段时间里，它的经济得到井喷式发展，积累了令人惊叹的财富，且由它所完成的统一又持续了 300 多年。隋朝，是一个被我们低估的王朝。

敲黑板

· 隋朝的统一
· 隋文帝的执政措施

隋朝在历史上很可能是一个被严重低估了的王朝。为什么这么说呢？因为后人提起隋朝，往往对它只有坏印象，特别是隋炀帝，历史上流传着很多关于他奢侈腐化、滥用民力的故事。人们可能会问：如果隋朝统治清明，为什么国祚那么短暂呢？所以在很多人心中，隋朝是和秦朝一样的暴政时代。那么，历史上真实的隋朝到底是什么样子的呢？

隋朝的建立者是杨坚。他自称是关中弘农郡华阴（今属陕西）人，杨氏在当地是名门大族，在汉朝出过很多名人。但有人质疑他的出身，因为他的祖先在北魏时居住在武川镇（今内蒙古武川西南），这个地方是北魏在北方设立的 6 个军镇之一。说来也巧，西魏的实际建立者宇文氏、隋朝的建立者杨氏、后来唐朝的建立者李氏，都与这个军镇有关。杨坚的父亲杨忠早年跟随西魏的开创者宇文泰南征北战，战功卓著，受封“随国公”，是西魏非常显赫的军事贵族。杨忠死后，杨坚继承其位，杨坚的女儿是周宣帝的皇后。周宣帝死后，8 岁的周静帝继位，杨坚的女儿辅政，北周朝廷的军政大权实际上被杨坚掌控。公元 581 年，杨坚接受了周静帝的所谓“禅让”，登基称帝，改国号为隋，史称隋文帝。

杨坚建立隋朝之后，头等大事就是实现国家的统一。这时统治江南的是南朝的最后一个政权陈。陈的力量本就很弱小，皇帝陈叔宝是一个沉湎（miǎn）酒色不理政务的昏君。杨坚当然不会放过这个大好时机。公元 588 年 10 月，他出动 50 余万大军，由绵延数千里的长江沿线向陈发动攻击，只用了短短几个月的时间，在第二年的正月就攻占了陈的都城建康，陈后主（陈叔宝的别称）被俘。这样，东晋十六国以来长期的南北分裂局面终于结束，全国重新归于统一。

200 多年以来，中国不仅南北隔绝，而且战乱不断，当时终于获得了统一，人民希望休养生息。在这个关头，王朝的政策非常重要。秦朝在完成统一之后，没有顺应人民安定生活的愿望，反而役民无度，让民众承受了极为沉重的负担，结果秦的政权被推翻。和秦朝相比，隋朝初年隋文帝时期的政策比较明智。

隋文帝的执政有什么特点呢？

他是一个非常勤政的皇帝。唐朝初年，唐太宗曾经问房玄龄等大臣：“隋文帝是个什么样的皇帝？”他们的回答是：“隋文帝克己复礼，勤劳思政。每次上朝议政，都要持续到日落时分。即使他不算特别英明仁义的君主，也算励精图治的人了。”这基本上是符合事实的。隋文帝不仅处理政事勤勉，还经常外出巡访，如果在路上碰到向他进言的人，他就会停下来亲自询问，还派人打探民间风俗、官吏好坏。当然，一个执政者只勤政是不够的，秦始皇也很勤政，但是对百姓的压榨也很苛刻。如果执政方针有问题，勤政就不是一件好事，反而适得其反，倒不如像西汉初年那样清静无为的政策对人民更加有利。好在隋文帝对民间疾苦是比较了解的。

开皇十四年（公元 594 年），关中地区大旱，百姓遭遇饥荒，隋文帝派遣左右侍臣察看百姓的食物，侍臣拿回了百姓所食的豆屑杂糠呈给隋文帝看，隋文帝深深自责，从此不再饮酒吃肉，坚持了将近一年。后来，隋文帝亲自率领关中百姓前往洛阳地区度荒，并下令警卫的士兵不得驱赶百姓。百姓们在禁卫和仪仗队伍中间行进。如果遇到扶老携幼的逃难者，隋文帝总是牵马让路，好言慰勉而去。到了艰险难行的地方，遇到挑担负重的逃难者，隋文帝就命令左右随从上前扶助。这些见闻对隋文帝以后实行的政策是有影响的。

做皇帝两年以后，他就对全国的赋税做了一次很大的调整，把成丁的年岁由 18 岁改为 21 岁，这就意味着成年男子可以少服 3 年的徭役和兵役；又把成年男子每年为国家服役的日期从 1 个月改为 20 天，还把户税减少了一半。开皇十二年（公元 592 年），官员们报告中央朝廷的库藏都满了，需要加盖库房。隋文帝说："宁积于人，无藏府库。"于是他下令把河北、河东地区当年的田租减少 1/3，兵役减半，户税全免。国库充盈并没有使隋文帝忘乎所以、骄奢淫逸，他的生活一直非常简朴。

据史书记载，当时宫廷中的人穿的都是换洗过的旧衣服，隋文帝的日常用具也都是修修补补的旧东西，很少用新的。因为他不喜欢奢侈，所以贵族官僚的衣着往往也没有华丽昂贵的装饰，大都是布衣。他曾经告诫太子杨勇说："历观前代帝王，未有奢华而得长久者。"他非常明白居安思危的道理。虽然现在风调雨顺，但总会有灾年减产的时候，所以他在全国很多地区都设立了大粮仓，存储的粮食往往在百万石（dàn）（一石是 50 千克）以上。

隋文帝在政治上也很有见地。隋朝之前，地方行政制度基本是州、郡、县三级制，管官的官多，管民的官少。而且由于前代战乱，政权更迭频繁，一个政权建立起来没多久就垮台了，无法及时进行行政建设，更别提还有根本无心经营内政的昏君暴君，所以隋朝刚刚建立的时候，地方行政区划很混乱。一个叫杨尚希的官员曾经上书说："现在的郡县数比古代多好几倍，有的地方不过百里，竟然有好几个县；或者人口还不满一千，却分属于两个郡。如此多的郡县，需要大量的官员，这些人食国家俸禄，一定会给国家造成沉重的负担。"所以他建议裁并地方的郡县。隋文帝觉得很有道理，就在开皇

白捡的知识

洛阳含嘉仓

隋文帝为了满足京师需求，预防水旱灾害，加强了漕运，修建了大量粮仓。到隋文帝末年，储备的粮食多达数亿千克。20 世纪 60 年代，洛阳含嘉仓遗址被发现，其中一个窖里，存有北宋时期的 25 万千克谷子，大都颗粒完整。洛阳含嘉仓的发现，为研究隋唐时期的储粮制度和大型粮窖结构，提供了重要的实物资料。

隋朝大兴城

隋定都长安。由于 700 多年屡经战乱，汉长安城宫室残破，不能适应需要，公元 582 年，隋文帝令宇文恺在龙首原以南的平原上建立新都，命名为大兴城，即新长安城。工匠们的效率令人惊叹，他们仅用 9 个月左右的时间就建成了宫城和皇城。大兴城布局工整，区域界限分明，基建水平相当高超，对后世都市建设和日本、朝鲜都市建设有深刻影响。

三年（公元 583 年）撤掉了郡这一级行政区划，这样三级行政体制就变成了两级制，行政效率得以提高，政府的开支和民众的负担得以减轻。隋文帝还实行了一项非常重要的改革：废除以前长期推行的选官制——九品中正制，开始初步推行科举制。这项措施对中国后世的影响非常深远。

经过隋文帝 20 多年的苦心经营，隋朝的经济迅速发展，国力大为增强。隋文帝刚即位时，全国户数将近 560 万，隋炀帝大业五年（公元 609 年），全国的户数为 890 多万，人口 4600 多万。而历史上有名的唐朝初年“贞观之治”时，全国人口不过才 300 万户。隋文帝的年号是开皇，故这个时期在历史上被称为“开皇之治”。

思维导图

被低估的隋朝

- 公元581 年，杨坚接受周静帝的“禅让”，登基称帝，改国号为隋，杨坚就是隋文帝
- 公元589年，杨坚攻占了陈的都城建康，全国重新统一
- 隋文帝的“开皇之治”
  - 隋文帝非常勤政，且了解百姓疾苦，生活简朴
  - 减轻户税兵役
  - 政治有见地，废除以前长期推行的九品中正制，开始初步推行科举制

发散思考

隋朝是一开始就骄奢淫逸的吗？

第二十七章 兴修大运河是隋朝灭亡的原因吗

○京杭大运河纵贯南北，全长约4000里，东北从涿郡开始，东南到余杭，以洛阳为枢纽，纵贯今天的河北、河南、安徽、江苏、浙江5省，沟通了海河、黄河、淮河、长江、钱塘江5大水系，是南北交通的大动脉。河两岸还有御道，栽种柳树，河里能通航巨大的船舶。直到20世纪初津浦铁路修建成功，有了陆上现代化的交通工具，它的作用才开始下降。但是直至今日，它的某些河段依然在通航。

如果隋文帝的执政风格在后代得以延续，隋朝长治久安应该不是一件特别困难的事。但是，隋朝在隋文帝死后只持续了短短 14 年。那么，隋文帝开创的大好局势是如何断送的呢？

在历史上，隋朝灭亡的罪责主要由隋文帝的继任者隋炀帝来承担。在大多数人的心目中，隋炀帝是被归入暴君行列中的。他几乎犯下了人类最严重的罪行，如“谋兄”“弑父”“逆天”“虐民”，甚至有人说他的罪行“罄南山之竹，书罪无穷；决东海之波，流恶难尽”，即把南山上的竹子都做成笔和竹简，都写不完他的罪恶；东海的滔滔巨浪也无法洗清他的罪恶。他就是一个十恶不赦的人。

历史上的隋炀帝真的是这样的一个罪人吗？如果那些罪行都是真实的，他为什么会犯下如此罪行呢？

隋文帝杨坚一共有 5 个儿子，都是他和皇后独孤氏所生，可谓一奶同胞，这在历史上的帝王中是很少见的。而且杨坚曾经对独孤皇后发誓绝不和其他的妃子生儿子。有人说，这是因为他对独孤皇后情意深重。其实，杨坚后来对大臣们所说的一番话道破了天机。

他说："以前的皇帝沉溺于女色，结果就是子孙众多，经常发生争夺继承权的事情，甚至导致亡国。我的5个儿子同母所生，称得上是'真'兄弟，绝对不会发生这样的事。"由此说明杨坚是从稳定政局、防止发生宫廷内乱的角度来考虑的，但事实证明这种方式并不奏效。在权力面前，血缘亲情往往是非常脆弱的。他寄予厚望的5个儿子，没有一个得到善终。

为了避免内乱，杨坚早早地把长子杨勇立为太子。按说身为次子的杨广是没有资格当太子做皇帝的，但是杨广有自己的资本。在5个儿子中，杨坚和独孤皇后最宠爱的就是杨广。比如，隋朝建立后最重要的一次战争是公元588年对南陈的征伐。这场战争的成败事关统一大业，如果失败，不仅分裂局面会持续下去，甚至有可能会动摇建立仅7年的隋朝根基。而在这次战争中，隋文帝所任命的50多万大军的最高统帅，就是年仅20岁的杨广，由此可见他在父亲心中的地位。

杨广确实会讨父母的欢心。杨坚是一个非常节俭的皇帝，杨广平时穿衣打扮便非常朴素，从来不铺张浪费。杨广在灭陈之后，首先命令部下收取陈朝的档案和典章文物，把府库封存起来，金银财宝完整无损，这为他赢得了贤德的名声。他的母亲独孤皇后特别讨厌男人拈花惹草，所以杨广在私生活方面也很检点。相比之下，太子杨勇缺乏心机，生活奢侈，不知节制，隋文帝和独孤皇后越来越不喜欢杨勇。而杨广又结交了隋朝的重臣杨素等人，在诸多因素的作用下，隋文帝终于废掉了杨勇，立杨广为太子。

按照很多史书的记载，杨广能够取代杨勇成为太子，是因为使用了阴谋诡计。即使这些记载是真实的，恐怕也不是最重要的，因为这属于杨广的私德。论起私德来，历史上的帝王将相怕是都要脸红，即便像唐太宗李世民这样被公认为贤德的君主，私德也是有污点的。但由于李世民开创了大唐盛世，所以历史上对他的评价基本上是正面的。可见，我们对历史人物的评价，应该重点关注他的行为在历史上产生的影响，而不能攻其一点不及其余。无论杨广怎样当上皇帝，如果他即位之后能有一番作为，让杨坚所开创的大好局面延续下去，那么他在历史上的名声也不至于如此恶劣。杨广也确实想有一番作为，这种想法最主要的体现就是开凿大运河。

我们先来了解大运河开凿的过程。在杨广继位的第二年，即公元 605 年，他征发河南、淮北各郡的 100 多万民夫，开凿通济渠。通济渠分东西两段，西段从洛阳城西引洛水、谷水，在巩县附近入黄河，东段从板渚（今河南荥阳汜水镇东北黄河侧）引黄河水到浚仪（今河南开封市），再入淮河。一共长 1000 余里，宽 40 步。同时，他又拓宽了沟通江淮的长 300 余里的邗（hán）沟。这些可称为大运河的南段。

公元 608 年，隋炀帝征集河北百万民工开凿北段的运河——永济渠，引沁水入黄河，引白沟水东北达于涿郡（今北京市西南），长 2000 余里。公元 610 年，隋炀帝在旧河道的基础上开凿了江南运河，河宽 10 丈（1 丈≈3.33 米），从京口（今江苏镇江市）至余杭（今浙江杭州市）800 余里。运河两岸还有御道，栽种柳树，河里能通航巨大的船舶。至此，开凿大运河大功告成。这条运河纵贯南北，全长约 4000 里，东北从涿郡开始，东南到余杭，以洛阳为枢纽，纵贯今天的河北、河南、安徽、江苏、浙江五省，沟通了海河、黄河、淮河、长江、钱塘江 5 大水系，成为南北交通的大动脉。

隋炀帝为什么要动用如此巨大的人力、物力开凿大运河呢？

按照以往的解释，这条运河的开凿是为了方便隋炀帝到江都（今江苏扬州市）巡幸游玩。我们不能否认隋炀帝有这样的想法，而且他也确实多次沿运河到江都巡游，每次规模浩大，极尽铺张奢华之能事，给民众带来了沉重的负担。但是，如果仅从贪欲这一角度来解释大运河的开凿，未免把问题简单化了。这必须结合隋朝的特点和历史地位来理解。

隋朝是以北方为基础建立起来的，最终对南方用兵才完成了国家的统一。在此之前，中国已经南北分裂对峙了 200 多年，所以对于隋朝来说，巩固统一是首要任务，而加强对新征服地区的控制，特别是对南方的控制，则是重中之重。

隋朝开国之后，已经出现了几次叛乱，而这些叛乱都发生在新统一的地区，这说明隋朝对全国的统治并不稳固。另外，在分裂时期，南方的经济已经发展起来了，再也不是以前地广人稀、经济落后的蛮荒之地。南方物产丰富，对于隋朝的统治越来越不可或缺。而隋朝是在北周的基础上建立起来的，其统治中心一直在关中地区。

相对于隋朝辽阔的国土，关中的地理位置比较偏僻，经济也不够发达。隋文帝杨坚的执政风格比较谨慎，始终坚持了关中本位的思想，并没有太大的动作。但是杨广比他的父亲动作大得多，他一直想把都城迁到洛阳，这样都城对全国的辐射作用就会更强。而要加强对于全国特别是江南地区的控制，必须要解决交通运输问题。

我们都知道，中国地形的总体特点是西高东低，西部多是高原，所以中国的大江大河，如长江、黄河，基本都是发源于西部高原，向东流入大海。这些东西走向的大河，在技术水平低下的古代，对于南北往来是巨大的障碍，所以我们经常可以听到所谓“黄河天险”“长江天险”这样的说法。在当时，朝廷要解决南北交通的问题，修建人工运河是最好的选择。

不可否认，这条运河的修建对于当时的人民来说的确不是福音。如此浩大的工程，仅仅用了 6 年的时间就宣告完成，这本身就能说明问题。但是，这条运河开凿成功之后，成为南北交通不可或缺的大动脉。尤其是随着中国经济重心的南移，北方对南方物产的依赖越来越强，大运河的作用也越来越重要。直到 20 世纪初津浦铁路修建成功，有了陆上现代化的交通工具，大运河的作用才开始下降。但是直至今日，它的某些河段依然在通航。

思维导图

兴修大运河是隋朝灭亡的原因吗

- 隋文帝废掉太子杨勇，改立杨广为太子
- 公元605年，杨广开凿通济渠，并拓宽了沟通江淮的长300 余里的邗沟，此为大运河南段
- 公元608 年，隋炀帝开凿大运河北段——永济渠
- 兴修大运河的影响
  - **不好的方面**：
    工程浩大，耗费大量人力、物力；便于杨广到江都巡幸游玩是兴修大运河的原因之一，劳民伤财
  - **好的方面**：
    这条运河修好后，成为南北交通不可或缺的大动脉

发散思考

唐朝诗人皮日休曾在《汴河怀古》中写道：“尽道隋亡为此河，至今千里赖通波。若无水殿龙舟事，共禹论功不较多。”意思是：如果隋炀帝不乘坐龙舟到江都巡游，那么他开凿大运河的功绩可以和大禹媲美。你认为开凿大运河是隋朝灭亡的原因吗?

第二十八章

隋炀帝是如何葬送隋朝的大好河山的

○隋炀帝不同于历史上那些昏庸的皇帝，他非常想有一番作为，而且好奇心强，精力极其旺盛。然而，隋炀帝的『雄才大略』根本没有考虑人民的承受力，最终苦于生计的百姓在全国各地不断起义，反抗朝廷，而且声势越来越大。隋朝终于倾倒了，随后在它庞大的残躯上生出了唐朝这棵参天大树。

隋炀帝不同于历史上那些昏庸的皇帝，他非常想有一番作为。但很明显，他把父亲杨坚开创的大好局面生生葬送了。毫不夸张地说，他是隋朝灭亡的罪人，是最主要的责任人。这是由他执政的风格决定的。他的执政风格可以用几个词来概括：奢侈腐化，好大喜功，滥用民力。

如果说隋文帝杨坚像一个勤勤恳恳、任劳任怨、省吃俭用积攒家业的家长，那么隋炀帝就是一个被宠坏的、大手大脚的败家子。有的史学家认为，历史上奢侈荒淫的皇帝有很多，有的是因为无知，即我们常说的昏君；也有的属于明知故犯，他们完全明白奢侈的害处却故意为之，不加节制。隋炀帝属于典型的后者。他为了南下江都，在江南造了各类船只数万艘，他自己乘坐的龙舟极为豪华，上下共有 4 层，高 45 尺，长 200 尺，有正殿、内殿，东、西朝堂，数百间房间，龙舟饰以金玉。这支庞大的船队，仅挽船的民夫就约有 8 万人。船只在运河上航行时，前后衔接，有 200 多里长。两岸还有骑兵随行护送。在他巡游所经之处，需要整修道路，建造离宫别馆，方圆 500 里之内都要贡献食物。

他在迁都洛阳之前，首先对洛阳城进行了大规模的扩建。这项工程极其浩大，工期紧张，修建宫殿的大木材从远方运来，有的需要 2000 人合力才能拉动，每天只能走二三十里，“计一柱之费，已用数十万功”。如此规模的工程，仅 10 个月就竣工了。洛阳西苑周围 200 里，亭台楼阁，富丽堂皇，还有从全国各地收集来的奇花异草、珍禽异兽。秋冬两季树叶凋落后，就用丝绸剪成花的形状装饰在树枝上，等颜色消退了，再更换新的。

隋炀帝是一个生命力很旺盛的皇帝，对外部世界有很强的好奇心。他不愿待在都城的皇宫里处理国政，喜欢四处巡游。他在位 14 年，在都城长安的时间不到 1 年。他南至江都，北出榆林，东北过涿郡，西到张掖。他每次出巡，都有人数众多的宫妃、百官、士兵随行，舟车仪仗，浩浩荡荡。公元 609 年，他西巡归来，途经凉州附近的山谷，遇到暴风雪，随行的很多士卒都冻死了。

隋炀帝是一个特别“心大”的皇帝。他对于经营隋朝的周边地区非常有兴趣。魏晋南北朝时期，中原分裂战乱，所以对于周边的控制能力下降，北方的突厥、西南方的吐谷浑、东北的高句丽都逐渐强大起来，对中原构成了一定的威胁，就连丝绸之路也不通了。隋炀帝想一劳永逸地解决这些问题，所以他煞费苦心。当时，西域各国的商人一般都在河西走廊的张掖和汉人交易。隋炀帝派人把他们接到洛阳来，想尽办法炫耀隋朝的强盛和富庶，自己也找到了“君临万邦”的满足感。

公元 610 年正月，隋炀帝在洛阳召开规模浩大的庆典和国际交易会，西域各国的首领、商人纷纷前来参加。主会场设在洛阳的端门（正南门）广场，周围 5000 步内，表演者近 2 万人，会场灯火通明，通宵达旦表演各种音乐、马戏节目。据说那次庆典是元宵节的起源。

这场交易会设在洛阳的丰都市（东市），隋炀帝事先下令把市场店铺修缮一新，整齐划一，店铺里堆满了各色的珍奇物品。西域商人到饭馆吃饭，都随意吃喝，不用付钱，店家还要对他们说：“中国很富庶，从来不收酒饭钱。”有的西域商人感叹隋朝的繁盛。可是有的聪明人还是看出了破绽，他们看到树枝上缠着丝绸，问市场里的人：“你们中国也有穷人，衣不蔽体，为什么不把这些丝绸给他们做衣服，却用来缠树呢？”那些人被问得哑口无言，羞愧地答不上来。

隋炀帝对周边的经营，最大的失败是他远征高句丽，这给隋朝带来了致命的危害。当时，从辽河以东到整个朝鲜半岛，分布着 3 个政权：高句丽、百济和新罗。其中北方的高句丽最为强盛。隋文帝时期，高句丽和隋朝曾经发生过战争，但是隋军没有占到任何便宜。隋炀帝即位后，想彻底解决高句丽的威胁，于是在公元 612 年远征高句丽。

隋朝在幽州集结了 113 万大军，号称 200 万，再加上后勤部队，总兵力超过 300 万人。如此庞大的军队，漫长的战线，各个部队的互相协调配合十分困难。而且，隋炀帝亲征，任何事情都由他裁决，所以隋军动作迟缓，一再贻误战机，再加上后援不继，隋军大败。前锋渡过辽河进入高句丽境内的约有 30 万人，最后生还的只有 2700 人。这让自信满满的隋炀帝颜面尽失，虽然此时山东已爆发农民起义，大乱开始形成，但是他执迷不悟，下令继续调兵运粮，在第二年再次整顿军队继续攻打高句丽。没想到后院起火，国内发生了叛乱，隋炀帝只好回师平叛，这次远征半途而废。连着两次铩（shā）羽而归，按理说隋炀帝应该休养一阵子。但一年之后他第三次发动了对高句丽的战争，这就纯属胡闹，因为这时国内已是起义四起，人心涣散，军队毫无斗志，士兵大量逃亡。最后隋朝只好和高句丽议和了事。

公平地讲，我们不能简单地将隋炀帝的这些举措看作是其奢侈腐化的本性所致，其实他是有深远考虑的。比如迁都洛阳，这有利于加强中央对全国的影响力和辐射力；远征高句丽，是因为当时朝廷发现了高句丽和突厥勾结的迹象，如果东方的高句丽和西方的突厥联手，隋朝将会很被动，所以出兵高句丽不能简单的用“穷兵黩武”来解释；他到江都巡游，固然和寻欢作乐的心思有关，实际上也有综合全面检查这条交通大动脉是否通畅的用意。在权力高度集中于皇帝的时代，如果没有最高权力者的亲自过问，国家的各项工程经常会半途而废或者敷衍了事，这在任何一个专制时代都不例外。

然而，隋炀帝的“雄才大略”根本没有考虑人民的承受力。他好比一个聪明、任性、虚荣、好面子但又从来不会为他人着想的贵公子，想做就做，不达目的绝不罢休。他营建洛阳时，每个月要征发民夫 200 万人，因为工期太紧，很多民夫被活活累死；修建运河，累计动用百余万民夫。有人粗略估计，隋炀帝统治时期，前后强征的民夫不下 1000 万人，平均每户至少有一名壮丁去服役。他攻打高句丽的时候，派官吏在山东东莱（今山东掖县）海口督造战船，工匠被迫站在水中昼夜赶工，腰部以下因在水中浸泡的时间过长而溃烂生蛆，死亡十之三四。隋炀帝一意孤行，一而再再而三地对高句丽用兵，人民不堪其苦，有人甚至自残手足以逃避兵役，还把自残的手足称为“福手福足”。在这样的高压环境下，百姓怎么能长久忍受下去呢？必会有人铤而走险。

公元 611 年，邹平（今山东邹平市北）一带首先发生起义，带头起事的人叫王薄（báo），他用来号召民众的工具之一就是一首《无向辽东浪死歌》，最后两句“譬如辽东死，斩头何所伤”很有号召力，这两句的意思是与其到辽东战场白白送死，不如起来搏一把，大不了一死，也比去辽东强。

从此开始，全国各地不断发生起义，而且起义声势越来越大，以河南的瓦岗军、河北的窦建德军、江淮地区的杜伏威军实力最强。隋朝政府控制不了这样的局面。而且，这些起义军有一个特点：成员包括各个阶层，不仅有农民，还有逃避战争的士兵、奴婢、猎手、士人、商人、地主、官吏，甚至有僧道。对于隋朝来说，已经到了“普天之下，莫非仇雠（chóu）；左右之人，皆为敌国”的地步。隋炀帝当时坐困江都，北方土地不断陷落。他知道大势已去，索性破罐子破摔，每天沉溺于酒色，放纵玩乐，得过且过。其实，他知道自己来日无多，有一天引镜自照，说：“好头颈，谁当斫（zhuó）之！”他手下的文臣武将对他越来越失望，又不满他滞留江南，便在公元 618 年杀死了隋炀帝。隋朝就此灭亡。

思维导图

隋炀帝是如何葬送隋朝的大好河山的

- 隋炀帝的执政风格
  - 大兴土木，对洛阳城进行大规模扩建，工期短，极尽奢靡
  - 向周边地区炫耀隋朝的强盛和富庶，召开国际交易会，耗费钱财
  - 远征高句丽
- 隋末农民大起义
  - 公元611 年，邹平一带首先起义
  - 河南的瓦岗军、河北的窦建德军、江淮地区的杜伏威军实力最强
- 公元618年，隋炀帝被大臣杀死，隋朝灭亡

发散思考

在你看来，隋朝的灭亡最重要的教训是什么呢？

第二十九章

『玄武门之变』的真相

隋末的群雄之战被明末清初小说家褚人获写成小说《隋唐演义》，这本书几乎成为所有中国人的唐史启蒙读物。在那场著名的『玄武门之变』中，到底还隐藏着怎样的秘密？是弑兄杀弟的阴谋，还是时势的必然之路？

敲黑板

· 玄武门之变

由于隋炀帝的乱政，全国各地爆发了大规模的反隋起义，而且组织成分十分复杂，其中不乏原本任职于隋的高官大将。唐王朝就是在这样的背景下建立起来的。

唐朝的建立者李渊是隋朝的重臣。他的祖父李虎早在西魏时期就是立有战功的大将，死后被追封为唐国公。李渊的父亲李昞（bǐng）和隋文帝杨坚是“连襟”（二人的妻子是姐妹，这二人的关系称为连襟），论起来李渊和隋炀帝也是表兄弟。

隋末天下大乱时，身为隋朝的太原留守，李渊并没有为隋朝卖命甚至殉葬的打算，反而积极谋划。他先是于公元 617 年在晋阳（今山西太原市）起兵，进而在第二年登基称帝，国号唐。李渊就是唐高祖。这就是中国历史上煌煌大唐王朝最初建立的情况。此后，唐朝又用了近 10 年的时间，平定了各地的武装力量，在全国建立起稳固的统治政权，开创了中国历史上著名的盛世局面——“贞观之治”。

但是，这个局面的出现是有几分不寻常的。简单地说，就是这个局面的开创者唐太宗李世民，原本是不该做皇帝的。李世民是李渊的次子，李渊称帝时立的太子是李世民的大哥李建成。在君主专制时代，皇帝的个人素质对国家局面的影响至关重要，如果换个人来当皇帝，那么会不会有“贞观之治”就很难说了。

李世民是怎么当上皇帝的呢？他在公元 626 年先发动宫廷政变，杀掉了他的亲哥哥太子李建成和亲弟弟齐王李元吉，逼李渊“禅位”给他。由此李渊做了太上皇，李世民正式继位。这就是历史上著名的“玄武门之变”。

且不论李世民当了皇帝以后的各种作为，他当皇帝的这个过程实在不那么光彩，不要说不合礼法，就连基本的人伦底线都罔顾了。李世民和被他杀死的李建成、李元吉是一母

白捡的知识

文献史料中的“玄武门之变”

涉及政府、国家层面的事件，一般官方档案、史书要比民间记载更具权威性，但前者一定程度上体现了统治阶级的意志。

五代时期官修史书《旧唐书》中《尉迟敬列传》记载，尉迟敬德受李世民派遣，去守卫高祖李渊，“高祖大惊，问曰：‘今日作乱是谁？卿来此何也？’对曰：‘秦王（李世民）以太子（兄李建成）、齐王（弟李元吉）作乱，举兵诛之，恐陛下惊动，遣臣来宿卫。’高祖意乃安。”

公元 1908 年发现的敦煌文书中，有一件武则天时期的俗讲话本《唐太宗入冥记》。据载，阎罗王手下判官崔子玉在冥间审问唐太宗：“为甚〔杀兄〕弟于前殿，囚慈父于后宫？……（太宗）闷闷不已，如杵中心……争答不得。”

《旧唐书》是五代官修史书，代表了后世的官方评价；《唐太宗入冥记》成文的时间更早，是当时的一种民间看法，提供了新的研究视角。

同胞的亲兄弟，玄武门之变并不是李世民在幕后指使手下发动的，而是他亲自上阵指挥、亲自动手完成的——他大哥李建成是被他亲手用箭射死的。

这事是李世民在众目睽睽之下做的，牵扯的人很多，根本不可能从史书上抹去。大概连李世民本人也觉得这事做得过分，传出去不好听，所以他当了皇帝之后，曾经三次要求查看他本人和唐高祖李渊的实录。按照传统，皇帝是不能看记载本人言行的实录、起居注之类文献的，所以他前两次的要求都被史官拒绝了，但是架不住皇帝的再三要求，最后史官只好答应了。

李世民特意看了有关玄武门之变的记载，并且给那次事变定了调子：他是为了安社稷、利万民才做的那件事，就像当年周公面对作乱的亲兄弟管叔、蔡叔，果断诛管叔、放蔡叔，周室才得以安定一样。这样一来，史书上对这件事的记载就只能按照这个基调来写。所以我们现在看到的，无论是《旧唐书》《新唐书》，还是《资治通鉴》，有关玄武门之变的记录都如出一辙。

这些史书把李建成和李元吉说得一无是处：李建成行为不端，好色爱酒，甚至有禽兽一样的行为；李元吉更是凶残狠毒，一心加害李世民。史书完全把这两个人定位成了不成器的败家子形象，而李世民则是英明神武。为了突出李世民的高大形象，这些史书甚至说李渊是胆小怕事、胸无大志的人，还说李渊之所以当年在太原起兵，完全是出自李世民的策划和部署，而且平定其他武装力量也都是李世民一个人的功劳，所以“高祖所以有天下，皆太宗之功”。这当然会引起李建成和李元吉的嫉妒，所以他们千方百计地要加害李世民。

据说，在玄武门之变的 3 天前，李建成请李世民到东宫喝酒。

李建成在酒中下了毒药，致使李世民当时就“心中暴痛，吐血数升”，随后被叔叔淮安王李神通扶回西宫休息。当时突厥进犯，李建成建议由李元吉率军北伐，并特意征调了李世民手下的大将尉迟恭、程知节和秦叔宝等人。李建成企图利用为李元吉发兵饯行的机会，埋伏甲士刺杀李世民，同时把李世民手下的大将一并杀死。因为有人告密，所以李世民事先知道了李建成的阴谋。此时李世民仍然不忍骨肉相残，犹豫不决。在幕僚的合力劝说之下，李世民才决定先下手为强，于是发动了玄武门之变。

然而，这些说法有很多漏洞，不能自圆其说。比如，李渊起兵固然有李世民从中协助，但其实他早有叛隋起兵的想法，只是感到时机未到，一直隐忍未发。在李渊起兵的时候，李世民无论多么英明神武，也才只有 19 岁，而李建成已经 29 岁了。从李渊起兵到建立唐朝，所有军事活动，其实李建成和李世民是共同的参与者，李建成作战表现并不差，分不出孰优孰劣。

李渊称帝以后，立长子李建成为太子是理所应当的。因为担心李建成不太熟悉政务，所以李渊特意把李建成留在自己身边“实习”，并把很多军国大事都交给他来处理，李建成没有重大过失。当然，此时李世民确实在外东征西讨，为唐朝立下了赫赫战功，但并不能因此贬低李建成，只能说当时李渊对这两人的分工不同，而两人在各自的位置上都干得不错。

至于那次下毒事件，就更有点儿“无厘头”了。李建成如果真的要置李世民于死地，必然下的是剧毒，怎么可能李世民喝了之后仅仅吐血而未死呢？再说，就算当时的毒药因为某种不可预知的原因失了效，李建成怎么可能没有预备方案（比如埋伏武士除掉李世民），反而眼睁睁看着他脱离险境呢？李世民脱逃以后会怎么对付他，难道李建成他自己心里没数吗？

从情理上说，李建成已经被立为太子，在各方面表现也不错，李渊也没有废太子的想法，他应该不会有非常的打算。要说有非常的打算，恐怕是李世民采取极端手段夺取嫡位的可能性要大一些。

事实上，在唐朝内部，此时已经形成了李建成和李世民两股力量，两个人的手下都人才济济。李建成手下最著名的人物是魏征。而李世民在多年的戎马生涯中更是招揽了大量的顶尖人才，谋士有房玄龄、杜如晦，武将有尉迟恭、程知节等人。李世民召集如此多的人才，目的是什么呢？

从下面的例子就能看出李世民的目的。

李世民平定长安以后，他手下的很多官员要被调往外地做官，这让李世民觉得很不安。房玄龄告诉他："这些人走的再多也不怕，但是千万不能让杜如晦走。杜如晦是辅佐帝王之才，如果您只想当一个藩王，那就算了；如果要'经营四方'，就一定要留住杜如晦。"李世民恍然大悟，急忙想办法把已经外调的杜如晦又召回来了。我们不禁会想：李世民当时一不是皇帝，二不是太子，"经营四方"是他应该考虑的问题吗？

可见，积极筹备、蓄谋夺取太子之位甚至皇位，恐怕是李世民当时所重视的。他这样肆无忌惮地发展力量，当然会引起旁人的关注和猜忌。李渊就曾经对旁人说："我这儿子带兵时间太长，在外说一不二，而且他手下有一批读书人教唆他，他已经不再是我原来那个儿子了。"当然也有人劝李建成早些除掉李世民这个威胁，但是李建成性格比较仁厚，一直没有采取非常措施，而是希望通过父亲走正规途径来解决问题。

在玄武门之变的当天，李世民向李渊状告李建成有淫乱后宫的行为，李渊要把李建成、李世民和李元吉兄弟三人召进宫中对质。李元吉曾劝李建成召集军队做准备，但是李建成没有采取任何措施，很坦然地和李元吉入宫了。反而是李世民事先在玄武门埋伏了武士，杀死了自己的两个亲兄弟。这说明，玄武门之变其实是李世民为了夺取皇位而孤注一掷发动的政变，此后他又把李建成和李元吉的 10 个儿子通通处死，手段之毒辣可见一斑。

从这段历史公案中，我们可以发现一个问题：历史记载是有主观性的。历史记载很有可能经过了歪曲、篡改，要想获得真实的历史信息，就要本着一种科学的、存疑求真的态度，多方收集史料，考虑史料的可信度，否则“尽信书，则不如无书”。

玄武门之变

思维导图

“玄武门之变”的真相

- 唐朝建立者李渊立李建成为太子
- 李世民和李建成手下都人才济济，两方形成竞争
- 公元626年，玄武门之变，李建成和李元吉被杀

发散思考

你对玄武门之变这段历史记载有什么看法呢？

你觉得这其中的是非曲直是怎样的呢？

第三十章 贞观之治——『亘古未有』的盛世

○对于手上沾满了亲兄弟的鲜血、通过不光彩方式夺得皇权的李世民，不论是后世的皇帝还是撰写史书的学者，都给了他极高的赞誉，如『至治之君不世出』『一代英明之君』等。为什么大家对这位皇帝的评价几乎是一边倒的赞誉呢？

李世民为了当上皇帝，手上沾满了亲兄弟的鲜血。在这点上，他比隋炀帝做得更过分。但是我们发现，同样是通过非正常途径当上皇帝，同样是兄弟阋（xì）墙、骨肉相残，可是后人对唐太宗和隋炀帝的历史评价简直是天悬地隔。这一点从两个人的谥号就能看得出来。隋炀帝谥号中的“炀”字是彻头彻尾的恶谥，按照《逸周书·谥法解》，“炀”的意思是“逆天虐民、去礼远众”，这可以说是对帝王较差的评价了。而唐太宗的谥号则是“文”，按照谥法，“文”的意思是“经纬天地”，这可以说是对帝王较高的褒扬了。

不仅唐朝人对本朝的这位皇帝赞美有加，在后世，唐太宗也一直是“正面形象”，被誉为帝王典范。比如后来宋朝欧阳修等人编撰《新唐书》，书中对唐太宗的评价是“至治之君不世出”，意思是他达到了皇帝的最高境界。明朝的皇帝明宪宗也称唐太宗是“一代英明之君”。

为什么大家对这位皇帝的评价几乎是一边倒的赞誉呢？无论

是与他同时代的人还是后代人，无论是学者还是政治家，为何大家都对这位通过不光彩方式登上皇帝宝座的人有如此高的褒奖呢？这是因为他在位期间出现了“贞观之治”的局面。

唐太宗是在公元 626 年发动玄武门之变的，不久就做了皇帝。从第二年开始，一直到公元 649 年唐太宗去世，唐朝的年号都是贞观。唐太宗贞观初年政治清明、经济复苏、文化繁荣，被称为“贞观之治”。这是在中国古代历史上被推崇备至的治世，甚至堪称盛世，它的繁荣昌盛达到了什么程度呢？

据《资治通鉴》记载，在贞观初年的时候，国家还经常闹饥荒、蝗灾、水灾，物价非常昂贵，1 斗（10 升）米卖到 1 匹绢的价格。唐太宗想尽办法安抚百姓，所以当时社会还是比较安定的。到了贞观四年（公元 630 年），天下大丰收，那些流亡的人都回到了家乡，1 斗米三四个铜钱，这一年全国判死刑的只有 29 人。整个国家的人都“外户不闭”，外出的人都不用随身携带粮食，因为

外出的人都不用随身携带粮食

沿途都可以获得供给。从这段描述中，我们可以看出“贞观之治”的特点：经济富足，社会安定，人民生活比较稳定。

如果这一描述是准确而真实的，那么这在历史上确实是很少见的状态。它是怎么实现的呢?

从逻辑上说，这样一个全国范围的大好局面，肯定不是单一因素促成的。其实，东晋十六国以来，国家始终处于分裂战乱的状态，隋朝统一时间不长，就因隋炀帝的暴政而陷入动乱。唐朝初年时，国家归于统一，对内战乱消失，老百姓得以休养生息，对外没有强敌，所以经济获得快速发展是必然的。而且，隋朝的制度变革及其积累的财富，都为唐朝的发展做了铺垫，所以，不能把“贞观之治”看作唐太宗一个人或一代帝王统治的功劳。

但是从另一个方面说，在君主专制时代，出现这样一个局面，肯定和处于最高权力顶端的那个人分不开。所以，唐太宗的执政思路和风格，一定对“贞观之治”产生了重要影响，这是毫无疑问的。

唐太宗的执政理念，可以简单地概括为“存百姓”。他曾经对臣下说：“做皇帝必须要‘先存百姓’，如果损害百姓来供养自己，那就像割自己腿上的肉填饱肚子，肚子倒是饱了，人也快死了。”他对儒家的民本思想坚信不疑，并且深知“水能载舟，亦能覆舟”的道理，他还经常把君民关系比作舟和水的关系。他曾经对臣子说：“凡事都要务本。国家的本原是百姓，百姓的本原是衣食。要让百姓丰衣足食，就不能耽误农时。”这就需要人君“简静”。要是天天打仗，动不动就兴修工程，怎么能做到务本呢?所以他特别重视休养生息，比如减轻民众的赋税负担、澄清吏治等。

贞观四年，唐太宗想征发徭役修建洛阳宫乾阳殿，以备巡幸。官员张玄素上书劝谏唐太宗，举了很多隋炀帝奢侈腐化、滥用民力的例子，提醒唐太宗：我们现在的国力还不如隋朝，陛下驱使这些疲惫的百姓，就是重蹈隋朝的覆辙，比隋炀帝还过分！唐太宗当然不爱听这话，索性赌气地问张玄素：“你把我比作隋炀帝，那我比夏桀和商纣如何呢？”张玄素说：“陛下要是非这么做，和夏桀和商纣也相差无几。”唐太宗叹了口气说：“是我想得不周到，所以犯了这样的错误。”于是他就把工程停了。

唐太宗的大臣们和皇帝说话都不太客气。这反映了唐太宗的另一个显著特点——善于纳谏。他曾经问魏征：“什么是贤明的君主和昏庸的君主？”魏征说：“兼听的君主贤明，偏信的君主昏庸。”

魏征最早是李建成的部下，而且曾经多次劝说李建成尽早对李世民下手。李建成死后，李世民知道魏征是一个人才，便不计前嫌，把他招揽到旗下，委以重任。

据说魏征相貌平平，但是有胆有识，经常“犯颜直谏”、实话实说，让皇帝没有面子，甚至当众下不来台；但就算碰到皇帝发火，他也镇定自若，这样皇帝会收敛一些。有关这君臣二人的进谏和纳谏的故事有很多。

有一次，唐太宗得到了一只很名贵的鹞（yào）鹰，他把鹞鹰架在肩膀上。当时他远远地看到魏征走过来，怕魏征说自己玩物丧志，就把鹞鹰藏在怀里。魏征可能看见他藏鹞鹰了，就向他上奏朝政大事，故意长篇大论。等魏征说完了，唐太宗一看自己怀里的鹞鹰——已经被闷死了。

还有一次，魏征请假去祭祖，回来以后对唐太宗说：“听说陛下要去游历南山，外边都准备停当了，陛下最后怎么没去呢？”唐太宗笑着说：“当初我确实有这个打算，但是怕你责怪我，所以就打住了。”魏征去世的时候，唐太宗非常悲痛，亲自为魏征撰写了墓碑文。他曾经说过一段特别著名的话："夫以铜为镜，可以正衣冠；以古为镜，可以知兴替；以人为镜，可以明得失。朕常保此三镜，以防己过。今魏征殂（cú）逝，遂亡一镜矣！"

对于"贞观之治"的局面，我们也不能夸大其词。比如，这个时期全国的人口远远没有达到隋朝的水平。据记载，在贞观十三年（公元 639 年）时，全国只有 300 万户，1200 多万人口。而隋朝人口曾经达到过 890 多万户，这还是隋炀帝在位期间的记录。唐太宗的善于纳谏，也是为了利于统治，而他身为专制帝王，有些事情当然是臣子劝谏不了的。

魏征以进谏著称，而且得到了唐太宗的高度赞扬，但是魏征死后的下场也并不好。魏征生前曾经向唐太宗举荐过杜正伦和侯君集，认为这两个人都可以做宰相。但是后来杜正伦因犯错被罢黜；侯君集的下场则更惨，他因参与太子谋反事件而被杀头。此时魏征已经死了，但还是有人翻旧账，说魏征和这两人结党营私，还有人说魏征曾经把他劝谏皇帝说的话写下来拿给史官褚遂良看。唐太宗听说以后极其不悦。唐太宗曾经将衡山公主许配给魏征长子，后来不仅婚约取消了，他还下令把自己为魏征立的墓碑毁掉。这样一来，魏家就逐渐衰败了。

唐太宗晚年，为了显示他的"雄才大略"也昏招迭出，比如多次远征高句丽，这让唐朝付出了极大的代价。大兴土木的事情也多起来了，任用的臣子也大都是一些逢迎皇帝的人，贞观初年的清明景象大打折扣。这和隋炀帝已经区别不大了。

不过总体来讲，"贞观之治"局面的出现还是值得肯定的，而且，这个时期的唐朝在政治制度、民族关系、对外关系等方面也颇有建树。

思维导图

贞观之治——“亘古未有”的盛世

- “贞观之治”的特点
  - 经济富足，社会安定，人民生活比较稳定
- 唐太宗的执政理念
  - “存百姓”——重视休养生息
  - 善于纳谏

发散思考

如何看待唐太宗的“贞观之治”呢？

第三十一章

一代女皇武则天

○武则天出身门第并不显赫，却成为中国旷古绝后唯一的女皇帝。她的上位史、她的功绩、她的过失、她的个人生活、她在位期间的盛世……无不留给人们无尽的话题和争议。

敲黑板

武则天的统治

曾经很多人统计过中国历史上到底出现过多少位皇帝，因为计算方法和标准不同，所以统计结果也不相同，统计上比较保守的是 200 多位，最多的是 500 多位。无论按照何种标准，其中真正的女皇帝只有武则天一人。

其实，在中国历史上，手握政权的女性不少，但她们基本都是以太后或皇后的身份假借皇帝的名义来执政。而武则天不仅掌握了政权，还做了皇帝，甚至把唐朝的国号也改了。这可谓“冒天下之大不韪（wěi）”。

中国古代是彻底的男权社会，在政治上更是如此。即使女性以间接的方式来介入政治，也会被视为“牝（pìn）鸡司晨”，是不正常的事情，更不要说武则天登上被视为男性专利的皇帝宝座。由此，她在历史上留下的名声就可想而知了。

与古代对武则天的咒骂之声相反，到了近代，有很多人对她发出了赞美之声，甚至有人说她做皇帝是得到人民拥护的。她勤政爱民，知人善任，发展经济，使唐太宗开创的盛世局面得以延续，为后代开元盛世的出现奠定了基础。

那么这位女皇帝到底是一个怎样的人呢？她在历史上到底产生了怎样的影响呢？

先来看看她是如何做上皇帝的。

其实，这位奇女子的本名不叫武则天，她曾经给自己起过一个名字叫“武曌（zhào）”，“则天”是她的谥号，所以我们现在一般都称呼她“武则天”。

武则天是并州文水（今山西吕梁市文水县东）人，她的父亲武士彟（yuē）早年做过木材商人，由于和唐高祖李渊有过交往，李渊在太原起兵的时候，他便跟从李渊，后来还做过工部尚书（主管营造水利）。武家门第并不显赫，在唐朝至多算新贵。武则天 14 岁时，唐太宗的长孙皇后去世，朝廷决定从高官良家女子中选拔一批年轻貌美的女子填充后宫，武则天就是其中之一。

她入宫之后的 10 多年一直不得宠。唐太宗死后，武则天和其他没有生育的后宫嫔妃一起被送进感业寺出家做尼姑。唐高宗李治在感业寺看见了武则天，便把她重新召入宫中。还有一种说法是，李治在做太子时就和武则天有私情。

无论是哪种情况，武则天接连成为父子两代的妃嫔，这在历史上是极为罕见的，在其他朝代是不可能发生的。因为这既涉及父子伦理，也和汉族传统的“一女不嫁二夫”的道德相悖。南宋的大儒朱熹认为，唐王朝有浓厚的少数民族血统，所以对于男女之事不太在意。

武则天再度入宫之后非常得宠，为唐高宗生育了很多子女。唐高宗为她废掉了王皇后和一度很得宠的萧淑妃，改立武则天为皇后。唐高宗为人懦弱，体弱多病，而武则天与他正好相反，精力旺盛，做事果断。所以唐高宗经常把政务委托给武则天处理，她甚至在唐高宗上朝的时候垂帘听政，与唐高宗并称为“二圣”。

其实，这时唐王朝的最高权力基本上已经由武则天来行使了。唐高宗死后，武则天先后册立自己的儿子李显和李旦为皇帝，但都由她临朝称制，名义上的皇帝根本不能过问政务。后来，武则天先后废掉了李显和李旦，在公元 690 年重阳节这一天，正式登基称帝，改国号为周。称帝时武则天已经 67 岁了，她在位 15 年，82 岁去世。

这位历史上绝无仅有的女皇帝在执政治国方面有什么特点呢？她是怎样获得权力，又是怎样维护权力的呢？答案是 4 个字：恐怖政治。

武则天心里非常清楚，女人执政做皇帝会招致怎样的不满和反抗，她的对策是杀一儆（jǐng）百，斩草除根。只要她认为此人对自己的地位和权力有威胁，必然会毫不犹豫地痛下杀手，绝不留情。常言道虎毒不食子，但是被她杀死的竟有她亲生的女儿、儿子，甚至孙子。至于那些和她没有血缘关系的人，她更是毫不手软。

公元 684 年，扬州有人起兵反对武则天，为首的是英国公李敬业，此人的祖父是唐朝的开国元勋李勣（jì）。4 年之后，李唐王朝的宗室琅邪王李冲、越王李贞先后起兵反对武则天。这些起事都在短时间内被镇压。这让武则天认识到，还有一批铁杆的李唐王朝拥戴者，既包括李唐宗室，也包括对李氏忠心耿耿的臣子。对此，武则天的对策只有一个字——杀。长孙无忌、褚遂良等大臣都因此被处死。

她杀得最多的还是李唐宗室，唐高祖、唐太宗、唐高宗三代皇帝的皇子，被她杀戮殆尽，最后只剩下武则天亲生的两个儿子李显和李旦。

杀戮可以除掉已经暴露的反对者，而对于潜在的威胁，武则天则鼓励臣下互相揭发告密。她在朝堂上安放了一个很特殊的装置——铜匦（guǐ）。铜匦里共有 4 个隔断，每个隔断上方都有孔，人们通过孔可以把表章投进去，表章可进不可出，只有武则天才能打开铜匦。铜匦名义上是为广开言路、下情上达设置的，其实就是举报箱，她用这个办法让臣下互相监督和揭发。

这是非常卑鄙的政治伎俩，因为告密的动机或者是陷害他人，或者是邀功请赏，告密是完全的损人利己行为。而且，告密者往往和被告密者有非常亲密的关系，否则如何了解对方的秘密？连自己特别亲近的亲友都可以出卖，可见告密者基本都是小人。告密是卑鄙下作的行为，这样的行为非但没有得到制止，反而被鼓励，可见政治糟糕至极。武则天一旦掌握了这些秘密，如果发现被告密者有可能对自己不利，就会把他们交给酷吏。这些酷吏完全秉承武则天的意旨，一旦发现武则天对谁不满，便会咬住此人不放，不择手段地置对方于死地，以讨武则天欢心。

当时著名的酷吏有来俊臣、周兴、索元礼等人。他们既是检举告密的行家里手，又掌握了一套屈打成招、制造冤假错案的专业本领。他们每个人都有独创的酷刑，来俊臣甚至还把这种本领上升到理论高度，撰写过一本《罗织经》。

如果这些酷吏闹得太过分，武则天就会惩办其中几个民愤比较大的，这样不仅可以推卸自己的责任，还能为自己赢得英明公正的好名声。她惩办周兴的时候，特意让来俊臣去办。来俊臣问周兴："犯人死活不肯招供，怎么办？"周兴说："容易，把他装到瓮（缸）里，四周架起炭火来烧，不怕他不承认。"来俊臣让人照此办理后，对周兴说："有人告你谋反，请君入瓮。"这是成语"请君入瓮"的来历。

以上所列举的是武则天政治中比较恶劣的地方。其实远不只如此，她铺张奢侈，甚至让自己的男宠出任高官。这些人依仗武则天撑腰，为非作歹，弄得朝政乌烟瘴气。

不过，武则天的恶政主要发生在统治集团内部，并没有扩大到民间，所以在她统治时期，社会总体上比较稳定，经济也在继续发展。到其去世的公元 705 年，全国登记的户口数是 615 万，比贞观初年增了一倍。而且，武则天采取的措施中有一项对后代产生了深远影响。

请君入瓮

武则天出身门第并不显赫，而唐朝初年拥护李唐王朝的官僚，绝大多数都是早年跟随唐高祖、唐太宗起兵的，这些人的家族在隋朝甚至北周时就地位甚高，有的史学家称他们为关陇集团。这些人是绝不赞成武则天执政甚至取代李唐王朝的。对此，武则天心知肚明。她一方面对他们强力打压；另一方面，有意提拔一些出身低微的寒门庶族。所以，隋朝开创的科举制度在她执政时得到很大发展，一些杰出人才在开元盛世时期发挥了重要作用。

公元 705 年，宰相张柬之等人发动政变，杀死了武则天的男宠，迫使武则天把皇位归还李显。武则天在当年去世，临死前留下遗言：去帝号，称皇后，与唐高宗合葬于乾陵。

唐乾陵无字碑

乾陵位于今陕西省乾县，无字碑位于乾陵司马道东侧，与西侧唐高宗李治的述圣记碑遥相呼应。此无字碑为武则天所立，“碑侧镌龙凤形，其面及阴俱无字。”

思维导图

一代女皇武则天

- **武则天登上皇位的历程**
  - 唐太宗时入宫，充实后宫→太宗死后感业寺出家→唐高宗时再度入宫为妃嫔→唐高宗的皇后→与唐高宗并称“二圣”→登基称帝
- **武则天的执政特点**
  - **统治集团内部：**
    杀一儆百，斩草除根；鼓励臣下互相揭发告密；任用酷吏；铺张奢侈
  - **社会：**
    社会比较稳定，经济也在持续发展
- 公元705年，宰相张柬之发动政变，迫使武则天把皇位归还李显；同年，武则天去世

发散思考

你认为应该如何恰当地评价武则天呢？

第三十二章

『开元盛世』的缔造者与破坏者

○在武则天去世之后的短短 8 年里，唐朝发生了 4 次政变，换了 3 个皇帝。度过这段艰难的动荡期后，唐王朝进入了一个长达 40 余年的繁盛期——开元盛世。这是整个古代中国史上的高光点，也是煌煌大唐走向衰落的转折点。

武则天在去世之前把皇位还给了自己的儿子李显，使李唐王朝恢复了统治。但是由于武则天开创了女性做皇帝的先例，在位期间迅速发展武氏家族的力量，所以她死后政局并没有归于平稳。

恰恰相反，从武则天去世的公元 705 年到公元 713 年（唐玄宗开元元年），短短 8 年的时间里，唐朝发生了 4 次政变，换了 3 个皇帝。在政变中惨死的不仅有将相大臣，甚至还包括公主、王侯、太子、皇后，连贵为天子的唐中宗李显也未能幸免。渡过这段艰难的动荡期后，唐王朝进入了一个长达 40 余年的繁盛期，因为处在唐玄宗统治的开元年间，所以历史上把这段时期叫作开元盛世。这个阶段不仅是唐王朝的黄金时段，也有很多人把它看作中国古代历史上最辉煌的时段。唐朝大诗人杜甫曾写过《忆昔》，追忆开元年间的盛景：

忆昔开元全盛日，小邑犹藏万家室。
稻米流脂粟米白，公私仓廪俱丰实。
九州道路无豺虎，远行不劳吉日出。
齐纨鲁缟车班班，男耕女桑不相失。
宫中圣人奏云门，天下朋友皆胶漆。
百余年间未灾变，叔孙礼乐萧何律。

诗人的描写自然会有夸张甚至虚构的成分，那么真实情况到底如何呢？据说到开元十三年（公元 725 年），即便是长安、洛阳等人口众多的大城市，物价稍贵，1 斗米也只卖 15 文。面、绢的价格也很低。这说明当时经济发达，社会比较稳定。开元二十五年（公元 737 年），官员上奏说，全国判死刑的只有 58 人，人们素来议论大理狱院杀气太盛，鸟雀都不敢栖息，如今开始有喜鹊栖巢了。

这期间社会安定，即使远行万里，也不用随身携带兵刃防身。全国在开元二十年（公元 732 年）约有 786 万户，4500 多万人，和武则天时期相比有明显增加。这个时期的文化也很繁荣，著名的大诗人高适、岑参、王维、李白、杜甫都生活在这个时期，其他如音乐、绘画、雕塑等艺术也都有显著的成就。这个时期唐王朝和周边各民族政权的交往也比较频繁。

开元盛世其实是唐朝初年“贞观之治”局面的一种延续，体现出来的是古代所谓“治世”或“盛世”的一般特点：经济发展，社会安定，人民生活殷实，文化比较兴盛等。其实，开元盛世在某些方面并没有达到前代的水平，比如这时唐朝的疆域不如唐朝初年广。如果按照官方统计的数字，极盛时期的人口固然超过唐朝初年，但仍然没有达到隋朝的水平，更谈不上超越汉朝盛时。

所以，我们要理性看待古代传说中的“治世”“盛世”，不可夸大其词。

当然，对于人民来说，生活在一个统一而安定的时代，总要比生活在分裂战乱的时代好。那些结束混乱、开创或者维护稳定局面，给人民提供稳定的生活条件的人，尤其是统治者，在历史上应该有他的位置。开元盛世局面的出现和此时当政的唐玄宗李隆基密不可分。

李隆基是唐睿宗李旦的第三个儿子。李隆基出生的时候，正值唐王朝风雨飘摇的多事之秋。当时李旦虽然是皇帝，但是实权已经完全由武则天掌握。李隆基 5 岁的时候，李旦被废黜。武则天因为对李氏宗族不放心，哪怕是自己的嫡亲子孙，她也要严加防范。所以李旦、李隆基父子其实过了很多年被软禁的生活。这期间李隆基的生母窦氏因为受到诬陷被秘密处死，李隆基甚至不知道生母葬在哪里。

李隆基

软禁生活给李隆基留下了深刻的印象，他对武则天时期的恶政有切身体会。武则天死后，李唐王朝虽然在形式上得以恢复，但唐中宗李显是一个懦弱的皇帝，政权掌握在韦皇后和她的女儿安乐公主手里。韦皇后和安乐公主有意效仿武则天成为新一代女皇，为此不惜害死唐中宗。此时，李唐王朝的命运到了千钧一发之际，时年 26 岁的李隆基当机立断，发动政变，把韦皇后、安乐公主集团一网打尽，拥立自己的父亲李旦复位。

两年后，唐睿宗把帝位传给李隆基。李隆基继位后，通过政变，除掉了对其构成巨大威胁的太平公主（武则天的女儿），是为“先天之变”。至此，武周后期开始的动荡局面终于结束，李唐王朝的统治重新步入正轨。对此，李隆基确实功不可没。

因为李隆基对武周时期的恶政有切身体会，所以他掌握政权后力图除旧布新，颁布的措施也比较有针对性。李隆基重用勤政爱民的官吏，特别是在宰相的人选上，他启用的姚崇、宋璟（jǐng）、张嘉贞等人都是一代贤相，对开元前期相对清明的政治局面做出了贡献。

此前武周时期，武则天任人唯亲，武家势力恶性膨胀。到唐中宗时，韦皇后和安乐公主为收买人心，掌握权力，往往不遵程序任用官吏，把自己的亲信安插到各级官吏的位子上，还大肆卖官鬻爵，导致所谓“墨敕（chì）斜封官”的大量出现。

按照正常的官员任命程序，应该由中书省起草诏命，再交门下省审核，最后转给吏部来办理。可是花钱买官可以不经正常程序，避开正式机关的审查，直接由皇帝用亲笔敕书的方式来任命。这种敕书是斜着封口交给有关部门来办理的，所以这类官员被称作“斜封官”。因为清楚这些人和掌握实权的韦皇后、安乐公主有交往，所以中书省和门下省的长官都不敢过问，只负责传达办理。李隆基大量革去这些冗滥的官员，严格控制官员的选拔，强调以才干和政绩作为授予官职的标准，特别注意考核地方官吏，尤其是基层的县令。

开元四年（公元 716 年），李隆基把吏部新选用的县令都召到都城长安，在大明宫亲自出题考试，考查这些官员是否通晓治民之道，结果有 45 人因为不合格而被淘汰。因为官员的素质有保证，所以开元前期的吏治相对比较清明，百姓受到贪官污吏的盘剥也就轻得多。

武则天对李唐宗室大开杀戒，丝毫不顾及骨肉亲情。其实，李隆基做皇帝也并非名正言顺。李隆基不是唐睿宗的嫡长子，但是他立有消灭韦氏的大功，所以他的大哥李宪（时名李成器）再三恳求唐睿宗把太子之位授给李隆基。按照武则天的思路，凡是对自己有潜在威胁的对手必欲除之而后快。但是李隆基没有这样做，他特别注意维护兄弟之间的感情，赐给他们豪华的宅邸，甚至和他们同床共枕，表示对他们毫无戒心。当然，他并没有给这些兄弟实权，但是这比武则天时期的“消灭政策”更显文明，也有利于开元前期清明政治和安定局面的形成。

所谓“成也萧何败也萧何”，李隆基后期的执政风格发生了明显变化。他在位后期，明显出现了怠政、惰政的状况。这并不奇怪。中国的皇权专制制度，其实是一种不人道的制度，这种制度要求皇帝大权总揽，凡事亲力亲为，然而人的精力毕竟有限，长期处于勤政状态，难免会有厌倦情绪，加之年纪越来越大，精力衰减，在开创盛世局面之后，倦怠政事，寻求安逸享乐，也就可以理解了。

但是李隆基的怠政、惰政却给唐朝带来了严重的后果。比如，他重用心术不正、口蜜腹剑的李林甫做宰相，开元初年朝堂上清正廉明的景象一去不复返；他纵容宦官干政，尽管他宠信的大宦官高力士为人谨慎，并不飞扬跋扈，但是这却成为唐朝中后期严重的宦官专权局面的源头。至于他宠爱杨贵妃，人所共知。皇帝有自己宠爱的妃子，这本是正常现象，但杨氏一门因此飞黄腾达，尤其是杨贵妃的族兄杨国忠，他原本不学无术，却官至宰相，身兼 40 多个职务，随意处理朝政。这和李隆基早年极力要清除的武则天、韦氏当政时期的恶劣政治没有任何区别。大唐王朝的危机在盛世的外表下不断发酵，最终引发了一场大灾难。

思维导图

“开元盛世”的缔造者与破坏者

- 唐玄宗李隆基当政前期
  - 重用勤政爱民的官吏，政治清明
  - 大量革去冗滥的官员，严格控制官员的选拔，强调以才干和政绩作为授予官职的标准，特别注意考核地方官吏
  - 特别注意维护兄弟之间的感情，维护安定局面
- 唐玄宗李隆基当政后期
  - 重用心术不正、口蜜腹剑的李林甫做宰相
  - 纵容宦官干政
  - 宠爱杨贵妃，纵容杨氏一门权倾朝野

发散思考

你所理解的唐玄宗是一个怎样的皇帝？

是什么原因导致唐玄宗前期和后期执政风格的变化呢？

第三十三章

唐太宗为什么被称作『天可汗』

〇唐朝前期的繁盛是全方位的，不仅包括社会稳定、经济发展和文化繁荣，也包括民族关系和中外交流等方面。本章将介绍唐朝的民族交往。

· 唐朝的民族政策与民族交往

唐朝前期的繁盛是全方位的，不仅包括社会稳定、经济发展和文化繁荣，也包括民族关系和中外交流等方面。下面介绍唐朝的民族交往。

先了解一下唐朝周边的民族情况。如果按照地理方位来划分，大唐的北部是强大的游牧民族——突厥，其间还有很多突厥语系的游牧部落，如铁勒部。突厥衰落后，铁勒人的一支，即回纥（hé），强大起来，建立了强大的回纥汗国。大唐的西南是吐蕃（bō）和南诏。在今天的东北则生活着奚（xī）、契丹、靺（mò）鞨（hé）等民族。

这些民族的生产生活状况不尽相同，突厥基本上属于游牧民族，而西南诸族则处于定居农耕的状态。他们的实力有强有弱，和唐王朝的关系也可以分成多种类型。

突厥力量最强时，控制范围东起辽水，西到里海，北越贝加尔湖，南抵阿姆河以南。隋朝初年，突厥内乱，分为东西二部。

东部部分被称为东突厥，与中原地区距离比较近。隋朝末年群雄并起，很多北方割据势力都曾经依附于东突厥，唐高祖李渊在太原起兵以后，也曾经向东突厥求援。唐朝初年，东突厥的颉（jié）利可汗凭借兵强马壮的优势，多次侵扰唐朝边境。

公元 626 年，唐太宗即位不到 20 天，颉利可汗就率军入侵，一直打到长安附近。唐太宗亲自到渭水和东突厥结盟，突厥方才作罢。唐太宗一直想解决东突厥的威胁，苦于力量不足。后来东突厥地区连年大雪，牲畜大量死亡，内部又有回纥、薛延陀等部落的反叛，这些变故致使其势力急剧衰落。唐太宗抓住时机，在公元 629 年派军攻击东突厥，俘虏颉利可汗，至此，东突厥汗国灭亡。

这时，如何安置东突厥的部落民众就成为唐王朝亟（jí）须考

公元 629 年，唐太宗派军攻击东突厥

虑的问题。当时朝堂上有各种不同的声音：有人主张把这些突厥人全部强行迁至河南，使其分散居住，变成农民，把塞北地区变成无人地带；也有人认为，这些戎狄文化迥异于中原，刑罚、法令、仁义道德对他们一概没用。温彦博则认为，强行迁徙突厥人，这违背了他们的本性，应该将他们在塞外原地安置，保全他们的部落，顺应他们的风俗习惯，日久天长，他们就会变成大唐子民，还可以成为中原的屏障。

从现在的角度来看，温彦博的主张无疑是最开明的，唐太宗最终采纳了他的建议，在东突厥故地设置很多羁（jī）縻（mí）府州，任命突厥贵族来做官，北方地区得以安定。

什么是羁縻府州呢？羁縻是指拴在牛和马鼻子上的缰绳，人类借此来操纵牛马。牛马在缰绳范围内有一定的自由，一旦超越可容许的范围，就要受到制约。所谓羁縻政策，就是指唐朝政府将突厥降众纳入唐朝的统治体制之下，保留原有的部落和习俗，在形式上唐政府设置机构来管辖，但是机构官员大都是突厥的贵族部落首领。

其实，羁縻政策就是在中央统治下地方民族有限自治。而且，唐朝不仅对突厥采取这种政策，在其他地区也如法炮制。据记载，唐朝在内地设置的一般州只有 300 多个，而羁縻府州却有 800 多个，可见范围是相当大的。这种政策的实施和唐太宗的指导思想不无关系，他曾经说："自古皆贵中华，贱夷狄，朕独爱之如一，故其种落皆依朕如父母。"这固然有夸大其词的成分，但是和往常某些中原政权对周边民族采取歧视、虐待政策相比，唐朝初年的民族政策在历史上是开明的，所以唐太宗在周边民族中也有一定的威望。

公元630年，西北各部落首领到长安朝见，尊称唐太宗“天可汗”。这个称号在中国历史上非常罕见。众所周知，从秦始皇开始，“皇帝”是中国最高统治者的称呼，“可汗”则是北方游牧民族对首领的称呼。唐太宗身为中原皇帝，又被尊为“天可汗”，这就意味着“中国”的范围不仅包括内地的农耕区，还包括周边广大的游牧地区。

唐朝和周边民族还有一种常见的关系——册封，即皇帝授予周边民族首领一个封号，这既等于承认这个首领对该地区的独立支配权，同时也等于唐朝皇帝和部落首领之间结成君臣关系。这方面比较典型的是回纥。突厥衰落之后，回纥首领骨力裴罗统一内外部，建立了庞大的回纥汗国。唐朝册封骨力裴罗为怀仁可汗。从此，回纥可汗由唐朝册封就成为定制。

安史之乱爆发后，唐朝兵力捉襟见肘，唐肃宗请求回纥派兵，帮助唐朝收复被叛军占据的长安洛阳，给出的条件是：收复之日，所有美女和财产任由回纥索取。回纥军攻占长安之后，就要按照约定行事，当时唐朝的广平王（后来的唐代宗）说：“现在刚刚拿下长安，如果马上掠夺，洛阳人一定会拼命死守。希望你们拿下洛阳再说。”回纥兵在收复洛阳后大肆抢掠了3天。回纥可能是看到唐朝衰落，对唐朝的态度变得颐指气使，逐渐成为唐朝的威胁。公元788年，回纥汗国上书唐朝，请求将“回纥”改为“回鹘（hú）”。唐朝后期，由于回鹘内讧，加上外部有强敌入侵，回鹘汗国瓦解，唐朝在北方的压力才开始减轻。

和亲是中原王朝为稳定周边民族政权常用的一种方式，唐朝也不例外，比较典型的是与吐蕃和亲。吐蕃是西羌人的一支，散居在今青藏高原。7世纪早期，吐蕃赞普（吐蕃君长的称号）松赞干布统一了西藏地区，定都逻些（今西藏拉萨市），建立起强大的政权。松赞干布对唐朝很向往，多次派人向唐朝求婚。公元640年，他派禄东赞为正使出使唐朝，禄东赞成功促成唐蕃之间的和亲。唐朝大画家阎立本的名作《步辇图》所呈现的就是唐太宗接见禄东赞的场景。

公元641年，唐太宗派人护送文成公主入吐蕃和松赞干布完婚，松赞干布亲自到柏海（今青海鄂陵湖、扎陵湖）迎接。文成公主带去了很多谷物和蔬菜种子、药材和各类实用书籍，后来又有大批唐朝工匠进入吐蕃。所以，文成公主入藏，其实就是唐文化大规模传入吐蕃的过程，加强了唐蕃之间的联系，也促进了吐蕃的发展。后来，唐中宗又把金城公主嫁给当时的吐蕃赞普。

不过，从总体上看，唐蕃关系大多时候是比较紧张的，双方的战争很频繁。特别是安史之乱爆发后，唐朝设于唐与吐蕃边境的兵

唐《步辇图》
故宫博物院藏

《步辇图》，传为唐朝画家阎立本的作品之一，描绘了吐蕃赞普松赞干布派使者禄东赞到长安通聘朝见唐太宗时的场景。

力被大量内调用来平叛，吐蕃乘机大举进攻唐朝，占领河西等大片地区，甚至曾经占领唐都长安。后来吐蕃发生内乱，才和唐朝修复关系。9 世纪早期，吐蕃和唐朝派专使先后在长安和逻些会盟，并将誓文刻石立碑。这次会盟史称“长庆会盟”，所立的石碑至今还在拉萨大昭寺前。此后双方基本相安无事。

唐朝前期，由于统治者的民族政策比较开明，相应措施也灵活多样，所以那时的民族关系融洽，版图也得以扩张。唐高宗李治在位的总章二年（公元 669 年），唐朝疆域达到最大。

尽管截至两宋为止，唐朝被看作中国历史上版图最大的王朝，但是它的疆域是经常发生变化的。总章二年的辽阔疆域并没有维持多久。

思维导图

唐太宗为什么被称作“天可汗”

- 公元629年，唐太宗攻击东突厥，俘虏颉利可汗，东突厥灭亡
- 在东突厥故地设置羁縻府州，任命突厥贵族来做官，北方地区得以安定
- 公元630年，西北各部落首领到长安朝见，尊称唐太宗为“天可汗”，意味着“中国”的范围不仅包括内地的农耕区，还包括周边广大的游牧地区
- 回纥首领骨力裴罗建立了庞大的回纥汗国，唐朝册封骨力裴罗为怀仁可汗。从此，回纥可汗由唐朝册封成为定制
- 公元641年，唐太宗派人护送文成公主入吐蕃和松赞干布完婚；文成公主入藏，是唐文化大规模传入吐蕃的过程，加强了唐蕃之间的联系，也促进了吐蕃的发展

发散思考

唐朝和其他民族政权的关系如何？

他们之间是如何交往的？

第三十四章

唐朝的国际交往最远到了哪里

○玄奘远行天竺，鉴真东渡日本，日本人阿倍仲麻吕当上了大唐的『公务员』，新罗人崔致远不但考上大唐进士还做了大唐的县尉；宫廷宴会上的高句丽伎，西市卖酒的胡姬，高鼻深目的胡人，皮肤黝黑的昆仑奴……大唐的魅力，不仅在于华服美馔、财富宝物，更在于它自信包容、雄大丰满的气度。唐文化的辐射，不仅影响东亚邻国，还触达了中亚、西亚各国，甚至触达了欧亚大陆的另一端。

至今，『唐人街』仍是全世界对在中国之外的华人聚居区的称呼。

所谓“民族交往”“中外交往”都是后人的说法，是用今天的标准去衡量的。我们把唐朝与周边民族政权的交往，称为“民族交往”；把唐朝与无论当时还是现在都不在中国版图之内的国家的交往，称为“中外交往”或者“国际交往”。

唐朝人自然不会有这样的概念区分。然而，直到今天，很多国家仍然把中国人称为“唐人”，从中我们可以看出唐朝的国际影响力，也足以说明唐朝与外国的交往曾经很发达，发生在这个时期的一些故事，直到今天我们还耳熟能详，如玄奘（zàng）西行取经。

《西游记》这部神魔小说中的大部分形象和情节是虚构的，但故事的主线——唐僧取经是源自唐朝时期真实发生过的事情。这个真实故事的主人公就是小说中唐僧的原型——玄奘。

玄奘，俗姓陈，名祎（yī），洛州缑（gōu）氏（今河南偃师缑氏镇）人。他 13 岁时在洛阳净土寺出家为僧。后来他游历各地，参访名师，博涉经论，佛法造诣愈加精深。他发现各地流行的佛教理论不尽相同，差异很大，难得定论，所以就想到佛教的发源地取经求法。他向唐政府提出请求，但始终没有被批准。贞观三年（公元 629 年），玄奘从长安出发，出玉门、涉流沙、度葱岭、越雪山，历经艰难险阻，辗转到达天竺。

他到达天竺后，在摩揭陀国（今印度比哈尔邦南部）王舍城的那烂陀寺跟随戒贤法师学习，那烂陀寺是当时天竺本地最大的佛学院。玄奘在此精研佛法 5 年之久。之后，他离开那烂陀寺在印度各地游历，数年之后返回唐朝。这时他已经是名满天下的高僧。

当时北印度的戒日王曾经为玄奘召集佛法大会，宣讲教义，前后 18 天，竟无一人能驳。经过这次大会，玄奘成为印度佛教的最高权威之一。

但是玄奘没有忘记自己西行的初衷，公元 643 年，他谢绝戒日王和那烂陀寺僧人的挽留，启程返回唐朝。公元 645 年，玄奘回到长安。玄奘此次西行取经历经 10 余年，途径上百个国家、地区，行程 5 万里，带回 657 部佛经，后于长安大慈恩寺专心翻译经典。他译出的很多佛经今天在印度都已经失传了，这样，玄奘的译本就成为研究古代印度地区文化的重要文献。

玄奘口述，其弟子辩机记录的《大唐西域记》，记述游历或听闻的国家和地区的概况，保留了很多有关西域、今阿富汗、巴基斯坦和印度地区古代的宝贵资料，具有非常高的学术价值。

从玄奘西行的故事，我们可以看到，在中国文化的发展过程中，绝不是只付出而不获取的过程。换言之，中国文化和外部文化的关系不是单向的，而是双向互动的，双方都对彼此产生了重要影响，佛教就是典型的例子。玄奘西游是从外界获取养分，而佛教进入中国后也逐渐本土化，成为中国文化的重要组成部分，对其他国家和地区也产生了影响。比如著名的鉴真东渡。

鉴真是扬州江阳（今江苏扬州）人，是唐朝著名的高僧，他应日本学问僧的请求，东渡日本传播佛法。鉴真先后尝试了 5 次都没有成功到达日本。公元 754 年，鉴真第 6 次东渡日本终于成功，这时他已经 60 多岁，而且双目失明。他将大量佛教经像及药物、艺术品等带到日本，对日本相关领域的发展有相当贡献。

鉴真东渡属于民间交往。其实，当时唐朝和日本之间最常见、规模最大、最密切的交往当属官方交流。中日政府之间的交往由来已久。唐朝时，日本国内比较动荡，社会混乱，矛盾尖锐，天皇权力很小。日本政界一批有识之士认为，应该效仿发达的唐朝制度，改造日本，所以他们积极谋求和唐朝建立友好关系。终唐之世，日本一共派遣遣唐使 19 次，顺利出使 13 次。大量的官员、留学生、学问僧来到中国，广泛学习唐朝的政治制度、文学艺术、生产技术。他们回国之后大力传播唐文化。

公元 646 年，日本的孝德天皇颁布诏书开始进行改革，史称“大化改新”，其中很多措施都取法唐朝，如班田制即唐朝的均田制。日本日常生活中的一些风俗习惯至今仍保留着唐朝风尚。在两国这种密切的交往下产生了一些著名人物，如阿倍仲麻吕。

公元 717 年，空前庞大的日本使团来到唐朝，其中有一位留学生叫阿倍仲麻吕。他在唐朝学成之后，就留在中国任职，还取了一个中国名字叫晁衡。他酷爱写诗，和很多著名诗人，如李白、王维，都有诗歌唱和，友情深厚。天宝十一年（公元 752 年），阿倍仲麻吕随同遣唐使回国。他非常留恋自己生活多年的中国和中国友人，便写下诗句：“西望怀恩日，东归感义辰。平生一宝剑，留赠结交人。”其中国友人也纷纷赠诗送行。不幸的是，阿倍仲麻吕乘坐的船只在途中遇到风暴，传闻船上的人溺海而死。

李白听到这个消息，特意写了一首《哭晁卿衡》来悼念这位日本友人：“日本晁卿辞帝都，征帆一片绕蓬壶。明月不归沉碧海，白云愁色满苍梧。”幸运的是，阿倍仲麻吕并没有遇难，历经千难万险回到了唐朝，并终老于此。

朝鲜和日本一样是唐朝的东亚邻国，而且和唐朝交往的密切程度丝毫不逊于日本。唐朝初年，朝鲜半岛上有高句丽、百济、新罗三国。后新罗统一朝鲜半岛，与唐朝关系密切。两国贸易往来频繁，唐都长安和沿海很多城市均设有“新罗坊”“新罗馆”招待新罗往来人士。在交往中，新罗从唐朝引

白捡的知识

同时期的日本

此时日本全面接受唐文化，国内出现了学习唐朝的热潮，史称“唐风文化”时代。

东亚世界文化格局的形成

唐朝采取开放的对外政策，制度文化向外传播，又吸收相邻各国之长，构成对周边国家的吸引力，形成了一个以唐朝为中心，以新罗、日本为主要成员的东亚世界文化格局。在这一格局内，各种文化都源于中国，或受中国影响而成长；唐朝则通过人员、物质和文化的广泛流动，维持了自身的先进性和活力，确保自身的中心地位。

再向西行

唐朝不仅影响了东亚的朝鲜、日本等国，还通过丝绸之路与中亚、西亚的国家建立了往来。

进茶种、印刷术、制瓷和制铜技艺，同时效仿唐朝制度，设立儒学，开科取士。

唐朝时有很多新罗留学生在唐朝求学，其中最著名的是崔致远。他 12 岁时孤身到唐朝求学，18 岁时进士及第，任宣州溧（lì）水县县尉，著有《桂苑笔耕集》二十卷，其诗文水平堪与唐朝本土文士媲美。朝鲜在姓氏、节令、风俗等方面都有浓重的中华文化色彩。有很多朝鲜人滞留中土，身居高位，如唐玄宗时期的大将王毛仲、高仙芝、王思礼等。

唐朝初年颁定的 10 部宫廷宴乐中就有《高丽伎》，另有很多其他民族和外国的乐舞。可见，唐朝确实没有迂腐的“夷夏之防”，正如鲁迅先生所说：“汉唐虽然也有边患，但魄力究竟雄大，人民具有不至于为异族奴隶的自信心，或者竟毫未想到，凡取用外来事物的时候，就如将彼俘来一样，自由驱使，绝不介怀。”正因如此，唐文化才会变得精彩而丰满，才会对周边地区产生重要影响。毫不夸张地说，唐朝与朝鲜、日本等邻国已经形成了“东亚文化圈”，而唐朝则居于文化圈的中心地位。所以，这个时期的中国，已经从“中国的中国”，变成了“东亚的中国”。

其实，唐文化的辐射，不仅影响东亚邻国，还触达了中亚、西亚各国，甚至欧亚大陆的另一端。从影响范围来说，唐朝的影响并不局限于政治、文化，经济交往也是一个重要的领域；从交往路线来说，陆路和海路都很繁荣，而且到唐朝后期，海路交通的重要性超过了陆路。

思维导图

唐朝的国际交往最远到了哪里

- 玄奘西行取经
  - 玄奘西行取经历经10余年，途径上百个国家、地区，行程5万里，带回657部佛经，后于长安大慈恩寺专心翻译经典
- 鉴真东渡
  - 公元754 年，鉴真第6次东渡日本终于成功，这时他已经60 多岁，而且双目失明。他将大量佛教经像及药物、艺术品等带到日本，对日本相关领域的发展有相当贡献
- 唐朝时，日本一共派遣遣唐使19次，顺利出使13次，广泛向唐朝学习，大力传播唐文化，如日本留学生阿倍仲麻吕（晁衡）留在中国任职
- 新罗从唐朝引进茶种、印刷术、制瓷和制铜技艺，同时效仿唐朝制度，设立儒学，开科取士
- 触达了中亚、西亚各国，甚至欧亚大陆的另一端；唐朝后期，海路交通的重要性超过了陆路

发散思考

唐朝的对外交往最远到达西方的哪里？

第三十五章

『诗唐』——人人都是文学青年

○如今，在地球上的每个角落，凡是有中文的地方就有唐诗。几乎每一个华人，从牙牙学语的时候就开始背诵唐诗。唐朝，那是怎样一个人才济济，浪漫到极致的时代！

敲黑板

- 唐朝诗歌兴盛的原因
- 唐诗的时期划分

如果让我们选择一种文学形式作为唐朝的象征，很多人都会选择诗歌。的确，唐朝是中国古代诗歌创作的顶峰时期，清朝时有人编辑《全唐诗》，收录了2200多位诗人的48900多首诗。这些诗歌的作者，有帝王、贵族、官僚、文士，也有和尚、道士、尼姑、歌姬。中国近代著名的学者闻一多先生曾经说过，“一般人爱说唐诗，我欲要讲‘诗唐’，诗唐者，诗的唐朝也。”

唐朝为什么会成为中国古典诗歌史上的黄金时代呢？为什么那么多唐朝人要投身诗歌创作呢？

唐朝诗歌的兴盛，如同它的总体繁盛，是有多方面原因的，是离不开时代的大背景、大环境的。

唐朝刺激诗歌创作的重要因素是科举制。唐朝的科举考试为了防止考生作弊，采取命题作文的形式考查考生的诗赋创作，这就要求考生具备一定的诗歌创作能力。所以诗歌创作的普及也就成为必然现象，通俗地讲，就是“考试指挥棒”发挥了作用。

考生创作诗歌

科举吸引了大量出身社会底层的人，无论这些人能否通过科举考试跻身上流社会，他们都必须具备诗歌创作的能力。而这些人的生活阅历，往往比社会上层的达官贵人丰富曲折得多，这些生活阅历是他们创作诗歌的重要素材。这使得唐诗不仅数量多，而且内容非常丰富、风格各异。从这个意义上说，文学就不仅仅是上流社会吟风弄月的专利了，还反映了社会各阶层的思想感情和生活状况。

而且律诗的格律和体制经过多年的发展，在唐朝已经非常成熟，诗人们的创作也因此更加得心应手。

当然，唐诗的兴盛还有赖于更广阔的社会、经济、政治背景。唐朝前期，社会安定、经济繁荣、国力强盛，相继出现“贞观之治”和“开元盛世”的局面，对外贸易和对外文化交流都非常活跃。而唐朝的帝王，尤其是唐太宗，在艺术、宗教等文化领域采取宽容、开放的政策，这有利于诗歌创作的百花齐放。

唐朝近300年间的诗歌有一个发展变化的过程，人们习惯上把它划分为初唐、盛唐、中唐、晚唐4个阶段。

初唐，即高祖至高宗时期。唐朝初年，诗歌创作受南北朝影响，大都是浮华艳情的作品。唐太宗号称一代英主，叱咤风云，不可一世，可是“诗语殊无丈夫气”。而改变唐朝诗歌风格的是“初唐四杰”——王勃、杨炯、卢照邻、骆宾王，此外还有陈子昂。

这5位诗人有一个共同的特点：才华横溢，胸怀大志，但是郁郁不得志。“初唐四杰”除杨炯之外，其余3人都死于非命，不得善终。王勃是渡海溺水而死。骆宾王参与了扬州李敬业反对武则天的军事活动，还为李敬业起草了一篇著名的《讨武曌檄（xí）》。起事失败之后，骆宾王不知所踪，有人说他被捕遭杀，也有人说他削发为僧。“四杰”中最悲惨的是卢照邻。他在应该大展宏图的壮年患了风痹（bì），手足痉挛，痛苦不堪，进而偏瘫，一手残废，虽然多方求治，仍然无效。后来，他终熬不过病痛的折磨，投水自杀。陈子昂直言敢谏，后被武三思罗织罪名加以迫害，冤死狱中。正所谓“不平则鸣”，这5位诗人曲折的人生经历，对于后来豪迈的诗风有重要影响。例如，陈子昂的《登幽州台歌》：“前不见古人，后不见来者；念天地之悠悠，独怆然而涕下。”

盛唐，即武则天至玄宗时期。这是诗歌最繁荣的时期。此时诗坛上人才辈出，诗风各异。比如边塞诗，它体现了士人积极进取，希望通过在边疆建功立业来施展人生的抱负，反映了部分士人的价值取向。边塞诗的代表人物是有长期边疆生活经历的高适和岑参，他们的诗作将边疆的苦寒和士人的坚韧体现得淋漓尽致。比如岑参的《走马川行奉送封大夫出师西征》中对边疆的描写：“君不见走马川行雪海边，平沙莽莽黄入天。轮台九月风夜吼，一川碎石大如斗，随风满地石乱走。”还有他的《白雪歌送武判官归京》对西域八月飞雪的描写：“北风卷地白草折，胡天八月即飞雪。忽如一夜春风来，千树万树梨花开。”

边塞诗的特点是雄浑悲壮、苍凉遒（qiú）劲，就连“送别”在他们笔下都与众不同，高适在《别董大》中写有“莫愁前路无知己，天下谁人不识君”，这是何等豪迈。

如果说边塞诗人是积极的进取者，那么以孟浩然、王维为代表的山水派诗人则是恬静的退守者。他们的诗清淡自然、宁静优美。王维一度号称“文坛霸主”，能诗能画，人称“诗中有画，画中有诗”。

曹雪芹的大作《红楼梦》中，有一回“香菱学诗”的情节：香菱向林黛玉学诗，林黛玉给了她《王摩诘全集》（王维的作品集），让她读完之后谈感想，香菱便发了一番议论：“据我看来，诗的好处，有口里说不出来的意思，想去却是逼真的；又似乎无理的，想去竟是有理有情的。”她举的例子便是王维的《使至塞上》：“内一联云：‘大漠孤烟直，长河落日圆。’想来烟如何直？日自然是圆的。这‘直’字似无理，‘圆’字似太俗。合上书一想，倒像是见了这景的。要说再找两个字换这两个，竟再找不出两个字来。”这可以说是对这首诗、对王维的风格，以及诗歌这种文体极为精到的分析。

盛唐诗人最杰出的代表，当属“诗仙”李白和“诗圣”杜甫。然而此二人的诗歌风格迥然不同，中国文学创作自先秦时期就已初露端倪的浪漫主义和现实主义两种创作风格在二人身上得到了最充分的体现。

李白是一个热情奔放的人，有浪漫的理想和不羁的性格，所以他的诗歌气势雄浑、想象奇特、语言畅快、铺张扬厉，想人之不敢想，言人之不敢言。当代诗人余光中形容李白：酒入豪肠，七分酿成了月光，余下的三分啸成剑气，绣口一吐就半个盛唐。李白的诸多诗作，如《早发白帝城》《蜀道难》《梦游天姥吟留别》《将进酒》《静夜思》《送孟浩然之广陵》《赠汪伦》等，都是传颂千古的名篇。

与李白齐名的杜甫，他的诗则与李白的诗风格完全不同。杜甫受过系统而严格的儒家教育，渴望投身政治，但一直不能实现抱负，反而穷困潦倒。后来，他又经历了唐朝由盛转衰的“安史之乱”，曾经和民众一起逃难，也曾经被困在被叛军占领的长安，颠沛流离，目睹了战乱给人民带来的痛苦。这些都被他用现实主义的手法写进了诗作里，他的“三吏”“三别”，就是现实主义的杰作，真实地反映了那段历史，所以杜甫的诗也被称作“诗史”。

中唐，即肃宗至文宗时期。这是唐朝的衰落期，政局混乱，黑暗现象层出不穷，社会处于严重的危机中。所以此时的作品中，盛唐时期的浪漫豪爽和恢宏气度已消失不见，取而代之的是对黑暗现实及政治弊端的揭露，也体现出对民众疾苦深深的关心与同情。这方面的代表人物是白居易，他流传至今的诗歌有 3000 多首，是唐朝诗人中传世作品最多的。他的作品语言通俗浅易，“老妪能解”。他的《卖炭翁》《杜陵叟》，以及长篇叙事诗《长恨歌》《琵琶行》，都是千古名篇。

晚唐，顾名思义就是唐朝末年，即武宗至哀帝时期。唐王朝江河日下，气息奄奄，内忧外患日益严重。这种现实在诗歌创作中表现为对现实与历史的思考，以及个人情怀的抒发，所以这个时期的怀古诗和咏怀诗比较多，风格也比较深沉含蓄、细腻哀婉。比如李商隐的《无题》、杜牧的《江南春》《泊秦淮》等。

思维导图

“诗唐”——人人都是文学青年

- **唐朝诗歌兴盛的原因**
  - 科举制采取命题作文的形式考查考生的诗赋创作
  - 有赖于社会、经济、政治背景
- **唐朝诗歌发展变化过程**
  - **初唐，即高祖至高宗时期：**
    “初唐四杰”——王勃、杨炯、卢照邻、骆宾王，还有陈子昂
  - **盛唐，即武则天至玄宗时期：**
    边塞诗的代表人物是高适和岑参，山水派诗人以孟浩然、王维为代表，“诗仙”李白，“诗圣”杜甫
  - **中唐，即肃宗至文宗时期：**
    代表诗人白居易，对黑暗现实及政治弊端的揭露，也体现出对民众疾苦深深的关心与同情
  - **晚唐，即武宗至哀帝时期：**
    怀古诗和咏怀诗居多，代表诗人李商隐、杜牧

发散思考

除了文中提到的诗人，你还知道哪些诗人？

你最喜欢谁？你最喜欢的诗作是什么？

第三十六章

让人又恨又爱的科举制

○科举制从隋朝开始，在中国历史上存在了1300多年，直到20世纪初才被废除。可是直到今天，它仍然对国人的思想和生活产生着重要的影响。一年一度的高考牵动着千家万户的神经，而在高考中各省、直辖市取得第一名的考生依然被称为『状元』。科举制的伟大之处在于它打破了贵族阶级对国家权力的垄断，使底层百姓也有机会参与国家管理。

科举制从隋朝开始，在中国历史上存在了 1300 多年，直到 20 世纪初才被废除。科举制即便被废除了，但在今天仍然对国人的思想和生活产生着重要的影响。一年一度的高考牵动着千家万户的神经，而在高考中各省、直辖市取得第一名的考生仍被称为“状元”，其实都和这种制度不无关系。

所谓科举制，就是中国古代用考试的办法来选拔官吏的制度。春秋战国之前，官吏由各级贵族世袭，谈不上选拔。从春秋战国开始，职业官僚制度就逐渐代替了贵族士官制度，社会上出现了由非贵族出身的人担任的职业官僚，这就需要选拔。科举制并不是中国最早的选官制度，因为它从隋朝才开始出现，而在此之前的选官制度是什么样的呢？

西汉武帝“罢黜百家，尊崇儒术”的重要措施之一是用儒家的标准来选拔官员，这就是汉代重要的选官制度——察举制。察举制强调品行的选拔标准。魏晋南北朝时期又出现了九品中正制。

但是，这两种选拔制度都存在严重的问题：察举制是自下而上由地方向中央推荐官员，权在地方而不在中央，而且由于察举制侧重于被推荐对象的品德和声望，所以沽名钓誉、弄虚作假的事情越来越多。东汉的民谣唱道：“举秀才，不知书；察孝廉，父别居；寒素清白浊如泥，高第良将怯如鸡。”人才越来越有名无实。

而九品中正制则主要看重门第和出身，带有很大的局限性。所以隋文帝废除了九品中正制，规定各级官员一律由中央任免选拔，并且开始设科考试。隋炀帝在隋文帝的基础上增设进士科，史学界一般把这件事看作科举制形成的标志。

唐朝的皇帝也对科举制进行了发展。比如武则天，她独揽大权遭到关陇集团的反对，所以就大力提拔出身低微的寒门庶族；她增加了科举考试的录取人数，还首创殿试，即由皇帝直接命题考查考生；她还开创了武举。后唐玄宗又提高了主持科举考试官员的级别，由礼部侍郎来主持。科举制度的地位越来越高，作用越来越重要。

那么，科举考试都分哪些科目，考查什么内容呢？

唐朝的科举考试每年都要进行，所以叫常科。常科的科目很多，如秀才、明经、进士、明法、明算等。其中，明法、明算等科属于专业性科目，考查专门性知识，如明法考律令、明算考算经。而我们通常讨论的是进士和明经两科。进士科考帖经、诗赋和时务策；明经科考帖经、经义和时务策。

所谓帖经就是填空，考查经学基础知识；经义是考查经学理论；诗赋则是考查文采辞章；时务策是考查以经学为基础的政论见解。这两科的考试难度大不相同，录取数量也有很大差别。进士大致录取数人至五六十人，中唐以后固定在30人左右。《通典》记载，进士科的录取率大概是百分之一二，而明经科录取率约为十之一二，所以唐朝有这样的说法：“三十老明经，五十少进士。”意思是30岁考中明经已经算很老了，而50岁考中进士还很年轻。为什么进士科如此重要且如此难考呢？因为进士科着重考查实际工作能力，策论难度较大。

生活在中唐的诗人孟郊年近50岁考中了进士，他兴奋异常，写了一首题为《登科后》的诗：“昔日龌龊不足夸，今朝放荡思无涯。春风得意马蹄疾，一日看尽长安花。”这便是他考中进士后愉悦心情的真实写照。

哪些人可以参加科举考试呢？唐朝主要是两种人有这样的资格：一是从中央到地方各级官学的在读生员，二是身家清白符合报名条件经地方审查合格的普通百姓。倡优、皂隶、刑徒、僧尼不能参加考试。可见，唐朝可以参加科举考试的人还是很多的。参加考试的人，往往把自己平时的作品汇集成卷，在考试前送给文坛名士或者政坛要人以求推荐，这叫“行卷”。

公元787年，当时只有16岁的白居易来到长安，向诗人顾况“行卷”。顾况在读卷前，拿白居易的姓名打趣，说：“米价方贵，居亦弗易。”虽然他在开玩笑，但也是提醒白居易立足长安是不容易的事。他翻开白居易的诗文，开篇就是那首《赋得古原草送别》：“离离原上草，一岁一枯荣。野火烧不尽，春风吹又生。”顾况看后不禁大为赞叹，说：“道得个语，居即易矣。”

此外，甚至还可以由高官名人直接向主考官推荐。

唐文宗大和年间，礼部侍郎崔郾（yǎn）要去洛阳做主考官，官员们都来给他送行。有个叫吴武陵的太学博士对崔郾说：“您要为天子选拔天下奇才，我给您推荐一个人。”说完他从怀里拿出一篇文章交给崔郾看，文章是杜牧的《阿房宫赋》。在场诸人读完之后，举座皆惊。吴武陵说：“杜牧正在参加考试，请给他第一名。”崔郾为难地说，“第一名已经定好了。”吴武陵一直说到第五名，崔郾还不答应。于是吴武陵生气地说：“您把那篇赋还给我吧！”崔郾赶紧说：“就按你说的办。”最终杜牧得到了当年考试的第五名。

科举制在当时产生了怎样的影响呢？

科举制之前的察举制和九品中正制，都是地方向中央举荐人才，权力在地方。而科举制则把官吏的选拔权彻底收归朝廷，这对于加强中央集权是有利的。而且用这种方式选拔出来的官员，他们一般都具有广博的文化知识，素质比较高，这有利于提高官员队伍的总体素质。此外，科举制度还促进

白捡的知识

唐朝的学校教育体制

唐朝学校教育分为官学和私学系统，以官学为主，官学又分中央官学和地方官学，中央官学主要为“六学两馆”，主要服务官僚子弟及外国学生，以儒家经典和其他专门知识为教学内容。

韩愈告诉你，靠考进士当官有多难

唐朝士族门阀的势力还是非常强大的，门荫才是主要仕官途径，科举只能作为补充。唐朝时印刷业远不及后世发达，能受教育的人仍是少数，跟明清相差很大。就连被后人推为唐宋八大家之首的韩愈也经历过 4 次进士考试和博学宏词科考试的失败，才走上仕途。气得韩愈直说：“就是孔孟在世也考不上！”而且，韩愈并不能说是纯粹的寒门，他祖辈曾在中央和地方担任过官职，他的父亲韩仲卿做过秘书郎赠尚书左仆射，哥哥韩会担任过中书起居舍人，直接跟皇帝打交道。

了文化教育事业的发展，极大地激发了人们勤奋读书的热情。

宋朝有一个叫汪洙的人写了一首《神童诗》，劝勉年轻人好好读书。这首诗开篇写道：“天子重英豪，文章教尔曹；万般皆下品，惟有读书高。”在这种价值取向的作用下，读书人的数量急剧上升，对各类书籍的需求量大为增加，推动了造纸业、印刷业的发展，从中央到地方的各级官学、私塾都空前发展起来了，这对于社会文化水平的提高大有好处。

更为重要的是，科举制使国家政权向社会各阶层开放，打破了以前世家大族垄断权力的状况，促进了社会阶层的流动。《神童诗》中还写道：“朝为田舍郎，暮登天子堂；将相本无种，男儿当自强。”这种情况只可能发生在科举制的背景下。这种制度具有巨大的开放性和弹性，可以实现社会的稳定。因为它让读书人，特别是社会下层的读书人看到了通过个人努力和奋斗改变个人和家族命运的机会，所以他们对这种制度就会大力支持并积极参与，这使政权获得更多的支持和更广阔的基础，因此朝廷也得以招揽更多的人才。

据说唐太宗有一次暗中去端门视察，正好看到很多新录取的进士鱼贯而出，他非常高兴，对左右说：“天下英雄，入吾彀（gòu）中矣！”意思是“天下有为的青年都被我笼络住了。”这样的制度具有强大的生命力，所以才会被后代沿用上千年。而且，这种制度所体现的公开考试、平等竞争、择优录取的原则，到今天都不过时。

当然，隋唐的科举制属于初创时期，有很多不完善的地方，而且录取的名额也比较少，每年明经科和进士科一共录取的人数也不过 100 多人。

思维导图

让人又恨又爱的科举制

- 科举制，中国古代用考试的办法来选拔官吏的制度
- 科举制发展过程
  - 隋文帝废除九品中正制，规定各级官员一律由中央任免选拔，并且开始设科考试。隋炀帝在隋文帝的基础上增设进士科，此为科举制度形成的标志
  - 唐朝武则天增加了科举考试的录取人数，还首创殿试，开创武举。唐玄宗提高了主持科举考试官员的级别，由礼部侍郎来主持
- 科举考试科目
  - 进士和明经等，进士科考帖经、诗赋和时务策，明经科考帖经、经义和时务策
- 可参加科举考试的人
  - 一是从中央到地方各级官学的在读生员，二是身家清白符合报名条件经地方审查合格的普通百姓。倡优、皂隶、刑徒、僧尼不能参加考试

发散思考

科举制不是十全十美的，也有很多弊端。你觉得这种制度有什么比较明显的坏处吗？

第三十七章

唐朝怎样从『天上』掉到『地下』

○天宝十四年，安禄山在范阳起兵，唐朝开始了一段长达8年的战乱。虽然唐军最终在公元763年平定叛乱，但其人口数，从开元年间的890多万户，锐减到不足300万户。唐朝从此由盛转衰。

物极必反，盛极必衰。唐玄宗在位的天宝年间，一场大动乱骤然爆发，历时 8 年之久。唐王朝使出浑身解数才把这场动乱平息。这场动乱使唐朝的黄金岁月一去不复返，从此走向衰落。这场动乱就是历史上著名的“安史之乱”。

唐玄宗执政晚年最大的社会问题是边镇军事力量的不断扩大。唐睿宗时，朝廷开始在边地设置节度使，节度使就是某一边疆地区的最高军政长官。到唐玄宗天宝年间，朝廷陆续设置了 9 个节度使和 1 个相当于节度使的岭南五府经略使。节度使因为身负重任，要不断和周边民族作战，所以常任不替，手握重兵。当时这 10 个边疆地区（相当于军区）的驻军一共约有 49 万，而唐朝驻防都城长安和内地的兵力才有约 12 万人。而且，边地军是“长征健儿”，战斗力强悍，而内地军承平日久，往往有名无实，战斗力低下，这就形成了“外重内轻”的局面。节度使不仅有军队，后来又逐渐掌握了所在地区的行政和财政大权，“既有其土地，又有其人民，又有其甲兵，又有其财赋”，所以很容易发展成强大的地方割据势力。如果这些节度使能对唐王朝忠心耿耿也就罢了，一旦他们怀有异心，局势便不好控制。

其实，从唐朝初年开始，朝廷在委任边疆手握重兵的大将时，对人选的考虑是很慎重的，而且其中立有大功的人，往往还可以入朝为相。开元年间，唐玄宗任用“口蜜腹剑”的李林甫做宰相。李林甫心术不正，独揽大权，为了防止有人分其权，在征得唐玄宗同意之后，便用“胡人”做节度使，一是因为“胡人”作战勇猛，容易打胜仗，这样可以显得李林甫知人善任；二是因为“胡人”的文化水平比较低，就算战功赫赫，也不可能入朝为相，这样便不会有人和李林甫争权。在他任用的“胡人”节度使中，有一人便是安禄山。

安禄山是营州柳城（今辽

白捡的知识

节度使

节度使始设于唐睿宗时期，为某一边疆地区的最高军政长官，最初只掌握地区兵权。随着边地战事逐渐紧张，节度使权力不断扩大，集军事权、行政权、财政权于一身，既是军队统帅，又可以任免官吏和选择继承人，还可以独立掌握本地税收。

节度使所节制的边地军占唐王朝总兵力大部，形成“外重内轻”的局面，同时节度使开始使用“胡人”。节度使很快成为地方割据势力，威胁唐朝统治。

宁朝阳）的胡人，目不识丁，但是多谋善战，在唐朝东北边军中屡次立下战功，升迁很快。到天宝年间，安禄山已经身兼范阳、平卢和河东三镇节度使，统兵近 20 万人，是唐朝军事力量最强的节度使。他虽然没有文化，但是功于心计，非常善于讨唐玄宗、杨贵妃和李林甫的欢心。他比杨贵妃大 16 岁，竟然请求杨贵妃收他为义子，而且他入朝之后总是先拜杨贵妃，后拜唐玄宗。唐玄宗问他原因，安禄山回答说："我们胡人都是先拜母亲后拜父亲。"言语间，他给人一种憨厚耿直、胸怀坦荡的感觉。安禄山是一个大胖子，《旧唐书》记载他体重有 330 斤，肚子掉到膝盖下边，走路的时候必须向上耸起肩膀，提起自己的身子才能走动。但是他有一项特殊的技艺：跳胡旋舞。安禄山虽然身体肥胖，但是跳起舞来动作快如旋风。唐玄宗和杨贵妃都是喜爱乐舞的人，便越发喜欢这个"胡儿"，对他宠信有加，不加防范。

安禄山跳胡旋舞

李林甫做宰相的时候，因为他老谋深算，所以安禄山很惧怕李林甫，对他毕恭毕敬。后来杨国忠代替了李林甫，安禄山很看不起这个市井出身、靠裙带关系平步青云的人。杨国忠也嫉恨安禄山，他可能看出安禄山将来必成祸患，所以他多次向唐玄宗进谏，说安禄山要反叛。当时唐玄宗的太子李亨（后来的唐肃宗）也有同样的看法。唐玄宗也曾想把安禄山调离北方三镇，但是始终犹豫不决。安禄山对此不可能不知情，唐朝中央政府对安禄山的疑心和犹豫不定的态度，反而加速了安禄山的反叛。

天宝十四年（公元 755 年），安禄山在范阳（今北京市）起兵，以“奉密诏讨杨国忠”为借口，发动叛乱。正像白居易在《长恨歌》中所说：“渔阳鼙（pí）鼓动地来，惊破霓裳羽衣曲。”安禄山的叛军人数众多，多是精锐，而唐朝上上下下还陶醉在开元盛世、天下太平的梦幻中，地方郡县毫无战备，完全没有抵抗力。叛军推进极快，迅速攻占了唐朝的东都洛阳。安禄山在当地称帝，国号大燕。

然而，对唐朝来说，这时的局势远远未到山穷水尽的地步。叛军的大本营在北方，尽管他们行动迅速一路攻至河南，但是战线越拉越长，这样和根据地的联系就成了问题。在度过了最初的混乱之后，唐王朝开始行动起来。河朔等地被攻陷后，平原（今山东德州市）太守颜真卿、常山（今河北石家庄市正定县）太守颜杲（gǎo）卿在河北起兵，占领了河北大片地区。唐朝大将郭子仪、李光弼（bì）也率军收复了很多州县，切断了洛阳到范阳的交通。安禄山只好派史思明反攻河北，但此举亦导致兵力分散。安禄山知道他不能坐困洛阳，必须继续进军攻占长安才能推翻唐朝，但是他从洛阳向长安进军，必须首先攻克潼关天险。当时潼关的守将是唐朝的名将哥舒翰，他手下有 10 多万大军，兵力雄厚。安禄山几次攻击潼关都没有获胜，加上后院着火，使他进退两难，急得他向那些劝他起兵叛乱的手下发火说：“你们当初说我起兵万无一失，结果现在河北丢了，向西的路也不通，这叫‘万无一失’？”他甚至想放弃洛阳北撤。但是在关键时刻，唐朝内部出现了问题。

按照哥舒翰、郭子仪和李光弼的战略，唐军只要固守潼关，使叛军不能前进，同时北取范阳，捣毁叛军的大本营，大局自然可定。按照这个战略，这场叛乱很可能在短时期内平定。但是唐玄宗和杨国忠急躁冒进，一再催促哥舒翰出关与叛军决战，哥舒翰不得已，只能率军出关，这正中安禄山下怀。唐军中了叛军的埋伏，一战溃败。潼关失守，长安很快沦陷。唐玄宗带着杨贵妃和皇子仓皇西逃，想到四川避难。走到马嵬（wéi）驿（今陕西兴平市西）时，将士哗变，杀死民怨极大的杨国忠，又迫使唐玄宗处死了杨贵妃。事变平息之后，唐玄宗继续南行，太子李亨带着一部分军队北上灵武（今宁夏青铜峡市北）。七月，李亨自行改元称帝，即唐肃宗。唐玄宗退位为太上皇。

安禄山占领长安后，以为大局已定，其实他的好日子到头了。他原本就患有眼疾，起兵之后压力倍增，竟然双目失明，加之身体肥胖，性情狂躁，此时更是愈发暴躁，对左右侍从动辄打骂杀戮，对自己的儿子和大臣也喜怒无常。其子安庆绪便串通其他大臣和宦官，杀死安禄山，自立为帝。趁着叛军内乱，唐军在回纥军的协助下发动反击，连续收复了长安、洛阳。史思明在北方见势不妙，一度投降了唐军，但后来复叛，还杀死了安庆绪，自己做了皇帝。后来史思明又被儿子史朝义杀死，叛军内部日益离心离德。唐军最终在公元 763 年平定叛乱，历时 8 年多的安史之乱，至此才画上句号。

安史之乱对于人民来说是一场大浩劫，是对社会经济的大破坏。叛军在所到之处烧杀抢掠，对于敢于抵抗的地区，往往采用屠城的残酷政策。唐军也经常抢劫民众。唐朝请来协助平叛的回纥军，对百姓更不友善。他们在两次攻克洛阳后，按照最初和唐朝的约定，大肆抢夺财物，劫掠妇女，回师途中不停扫荡。北方人民在这种反复的烧杀抢掠中受尽苦难，潼关以东、黄河两岸和淮水中游地区“人烟断绝，千里萧条”，潼关和虎牢关（今河南荥阳市西北汜水镇西）之间几百里内，只余1000多户人家。东都洛阳“百无一存”。杜甫在《无家别》中写道：“寂寞天宝后，园庐但蒿藜。我里百余家，世乱各东西。存者无消息，死者为尘泥。贱子因阵败，归来寻旧蹊。久行见空巷，日瘦气惨凄。但对狐与狸，竖毛怒我啼。四邻何所有，一二老寡妻。”唐朝的人口数，从开元年间的890多万户，锐减到不足300万户（广德二年，公元764年统计数据）。唐朝从此由盛转衰。

思维导图

唐朝怎样从“天上”掉到“地下”

- **唐玄宗晚期主要社会问题**
  - 边镇军事力量的不断扩大，节度使权利大
- **安史之乱**
  - 天宝十四年（公元755年），安禄山在范阳起兵，以“奉密诏讨杨国忠”为借口，发动叛乱
  - 安禄山占领东都洛阳，在当地称帝，国号大燕
  - 镇守潼关的哥舒翰被唐玄宗逼迫出关与安禄山叛军决战，失败，潼关失守，唐玄宗等人西逃
  - 马嵬驿将士哗变，杨国忠、杨贵妃被处死
  - 唐玄宗继续南行，太子李亨带着一部分军队北上灵武；七月李亨自行改元称帝，即唐肃宗；唐玄宗退位为太上皇
  - 唐军在公元763年平定叛乱

发散思考

清朝史学家赵翼在《唐女祸》中说“开元之治，几于家给人足，而一杨贵妃足以败之。”真是这样吗？关于唐朝由盛转衰的原因，你是怎么看的？

第三十八章

藩镇割据、宦官专权与朋党之争

○安史之乱后，唐王朝就像一个身患多种致命的慢性病的老人一样，带着藩镇割据、宦官专权、朋党之争这几种顽疾又挣扎了100多年。

敲黑板

· 唐朝后期的政治状况

安史之乱对于唐朝来说，不仅是一个由盛而衰的转折点，还留下了很多后遗症。唐王朝就像一个身患多种致命的慢性病的老人一样，带着这些后遗症又挣扎了 100 多年，最终于公元 907 年灭亡。这些后遗症主要是哪些呢？

第一，藩镇割据。这是安史之乱最直接的后果。在平定安史之乱的过程中，唐朝政府为了尽快稳定局势，往往对叛军旧部采取妥协安抚的政策，这样一来，很多曾经是安禄山、史思明得力干将的叛军将领摇身一变，变成了唐朝的节度使，依然手握重兵。这些势力被称为“藩镇”或者“方镇”。唐朝后期的藩镇有 50 个左右，他们并不是都和中央对立，搞军事割据，但是河朔地区的藩镇却是唐王朝的心腹大患。当时河朔地区的卢龙（今北京城西南隅）、成德（今河北正定县）和魏博（今河北大名县东北）三个藩镇割据程度最强，号称“河朔三镇”。这三个地方的节度使起初皆为安史之乱中的叛将，实力雄厚，表面上尊奉朝廷，但是在自己的辖区内另有一套官职法令，也不向中央上交赋税。而且，这些藩镇的节度使往往是父死子继，或者由部下继任，中央对此无能为力。各藩镇都有亲信“牙兵”，待遇丰厚，对统帅死心塌地，唐王朝根本奈何不了他们。

藩镇和藩镇之间也存在着利益冲突，他们“喜则连横而叛上，怒则以力而相并”，这使唐朝后期的政局极为动荡。有的皇帝想要解决藩镇问题，但是往往力不从心，而且有可能会引起更大规模的叛乱。

唐德宗在位时，成德节度使李宝臣死去，德宗拒绝藩镇世袭的请求，结果河朔三镇与淄（zī）青、淮西一同举兵叛乱。泾原节度使奉命率军平叛，至长安时因不满赏奖哗变，拥立前卢龙节度使朱泚（cǐ）在长安称帝，史称“泾原兵变”。唐朝的皇帝继安史之乱和吐蕃进犯之后，又一次仓皇从长安

白捡的知识

朝廷的控制力

依照陈寅恪、唐长孺等学者的观点，安史之乱之后，唐朝虽没有亡国，但实际上已经分裂成两个对立的世界：以长安为中心的朝廷和以卢龙、成德、魏博为代表的河北政权。

出逃。后来唐军平定了这次兵变，唐德宗下罪己诏，大赦天下，各镇上表谢罪，这才平息了事态。

又过了20多年，唐宪宗继位，这是唐朝后期比较有作为的君主。宪宗在位期间，国力有所增强，政治也比较清明。他对藩镇的政策从姑息变为强硬，发兵消灭了叛乱的淮西镇（治今河南汝南），后来河朔三镇也归附了中央，接受中央委派的官吏。史称“元和中兴”。但是宪宗以后，中央力量逐渐涣散，地方藩镇故态复萌。唐朝非但不能彻底割除这个毒瘤，反而还被一个叫朱温的节度使在公元907年篡夺了皇位。唐朝就此灭亡。

长期的藩镇割据，不仅严重消耗了唐朝的实力，更是直接导致唐朝灭亡，还给所在地区的人民带来了深重的灾难。这些地区战乱不断，横征暴敛，民众负担极为沉重。而且，这些节度使有很多是胡人，他们对文教毫不重视。为了打造独立王国，他们还限制对外交通，这样当地就被孤立起来了，不仅经济残破，文化也日益落后。有的年轻人长到20岁，竟没有听说过周公、孔子，每天喝酒行猎。河朔地区原本是汉文化很发达的地区，在当时竟然近似文化沙漠。

第二，宦官专权。唐玄宗时期，宦官可以干政。在平定安史之乱的过程中，唐朝皇帝对武将不放心，所以经常派宦官去做监军。如此，宦官又逐渐掌握了军权。这些宦官专擅朝政，飞扬跋扈。唐肃宗时期的大宦官李辅国，因为拥立有功，骄横不可一世。他曾经公开对后来的唐代宗说：“大家但居禁中，外事听老奴处分。”这时唐代宗还有一定的能力驾驭宦官，先后设法除掉了李辅国这些大宦官。但是到了后世，宦官的势力越来越大，逐渐掌握了唐朝中央禁军的军权，他们办事的机构被称为“北衙”，外朝百官办事的机构被称为“南衙”，这就等于出现了两个政府、两个朝廷。南衙往往处于北衙附庸的地位，宦官可以制定国策，任免朝臣，甚至可以废立皇帝。唐朝中后期的 7 位皇帝（穆宗、文宗、武宗、宣宗、懿宗、僖宗、昭宗）均为宦官所拥立，顺宗、宪宗、敬宗死于宦官之手。

因为不满宦官的骄横跋扈，唐朝的皇帝也曾经想办法联合大臣除去宦官，但都没有成功。第一次努力发生于唐顺宗李诵时期。李诵做太子时，对唐朝的弊端有深刻的认识，被认为一旦即位就会是一位大有作为的君主。没想到他还没即位便突然中风口哑，据说唐德宗因此急火攻心一病不起，不久就病死了，李诵继位。他即位后，重用王叔文、王伾（pī）两位大臣，联合其他一些大臣准备消除宦官势力，结果被宦官抢先发动政变，王伾和王叔文被贬官，其他 8 位亲信也都被贬为边远地区的司马（唐朝州府佐吏，闲职），如柳宗元被贬为永州（治今湖南永州市）司马，刘禹锡被贬为朗州（治今湖南常德市）司马，史称“二王八司马事件”。唐顺宗被迫让位给太子李纯，李纯即唐宪宗。

第二次努力发生于唐文宗时期。当时的宰相李训想用武力诛杀宦官，便在公元 835 年 11 月的一次早朝时，派人上奏说左金吾仗院（皇宫宿卫机构，在大明宫含元殿东侧）内石榴树夜降甘露，企图诱使当时的宦官首领仇士良等人去观看，以便在金吾仗院内把这批宦官一并处死。但是先行前去查看的仇士良发现了伏兵，立刻返回殿内挟持了唐文宗，随后调神策军出击，捕杀了李训等各司官吏 1000 多人，史称“甘露之变”。从此唐文宗就变成宦官的掌中之物。他因之极为沮丧苦恼，却又无可奈何。

一次，唐文宗问大臣周墀（chí）：“我像前代的哪个皇帝？”

周墀说："您是像尧舜那样的君主。"唐文宗说："我哪里敢比尧舜？我倒是很像周赧王和汉献帝。"周墀吃惊地说："那都是亡国之君，怎么能和您比？"唐文宗说："周赧（nǎn）王和汉献帝都是受制于诸侯，我是受制于家奴，这么说起来，我还不如他们呢。"说着，唐文宗不禁流下眼泪，连衣襟都打湿了。周墀也伏在地上痛哭。

在中国历史上，唐朝的宦官专权远甚于前代的东汉及后代的明朝，此二朝宦官气焰尽管嚣张，但毕竟是皇帝纵容下的家奴而已，一旦皇帝翻脸，宦官就会被杀。但唐朝宦官则权倾朝野，皇帝不仅奈何不得，反而要受其挟制。

藩镇割据和宦官专权已经把唐朝的皇帝弄得焦头烂额、捉襟见肘。这时候的士大夫也不争气，非但不和皇帝同心同德，共渡难关，反而互相倾轧，争权夺利。这就是唐朝中后期又一个重要的政治顽疾——朋党之争。

党争从唐宪宗时代（9世纪初）开始，长达40年，代表人物是牛僧孺和李宗闵，李党首领为李德裕，史称"牛李党争"。牛僧孺是平民出身，所以大力支持科举考试，在进士中很有影响力。李德裕出身于高门大族，对科举考试不以为然。在对待藩镇的问题上，李党主张强硬平叛，牛党主张姑息。公平地讲，两派之中都不乏杰出人才，但是党争的特点是毫无原则，一派主张某事，另一派则肯定反对，牛党掌权势必排挤李党，反之亦然。因此，两党在政治上作为甚小。党争进一步促使唐王朝内部分崩离析，助长了藩镇割据，加速了唐王朝的崩塌。唐文宗曾经哀叹："去河北贼易，去朝廷朋党难。"

藩镇割据、宦官专权和朋党之争，是唐王朝身上的3颗毒瘤，不断侵蚀着唐朝健康的“细胞”，消耗唐朝的力量。唐朝末年爆发了席卷全国的黄巢起义，起义虽然被镇压下去了，但也使唐王朝耗尽了最后的能量。最终，曾经盛极一时的大唐帝国在公元 907 年轰然倒塌。

思维导图

藩镇割据、宦官专权与朋党之争

- 藩镇割据
  - 河朔地区的卢龙、成德和魏博，号称“河朔三镇”，实力最强
  - 唐德宗时泾原兵变
  - 唐宪宗时短期的政治清明，国力增强；但宪宗以后，中央力量逐渐涣散，地方藩镇故态复萌，最终直接导致唐朝灭亡
- 宦官专权
  - 宦官可以制定国策，任免朝臣，甚至可以废立皇帝
  - 两次除去宦官的努力——二王八司马事件、甘露之变，均失败
- 朋党之争
  - 牛李党争
- 唐朝末年黄巢起义，起义虽被镇压，但唐朝耗损巨大，公元907年灭亡

发散思考

在唐朝崩塌的多种因素中，你认为哪种因素是最致命的？它产生的原因是什么呢？

第三十九章

五代与十国——又一个乱世

○『朱李石刘郭，梁唐晋汉周。都来十五帝，扰乱五十秋。』这是对五代历史言简意赅的描写。中原的混乱给了北方契丹族以可乘之机，后唐王朝的大将石敬瑭想要推翻后唐取而代之。为此，他不惜拱手献出燕云十六州，使后来的中原政权只能处于仰攻的不利境地。

敲黑板

· 五代十国基本情况

元明之际，我国民间曾经流传过一首顺口溜，“朱李石刘郭，梁唐晋汉周。都来十五帝，扰乱五十秋”，在施耐庵的《水浒传》和冯梦龙的《警世通言》这两部小说里，都曾经引用过这首顺口溜。它是对五代历史言简意赅的描写。

所谓“朱李石刘郭”，分别指的是五代的建立者：建立了后梁的朱温，建立了后唐的李存勖（xù），建立了后晋的石敬瑭，建立了后汉的刘知远，建立了后周的郭威。这 5 个政权基本上是前后相继的关系，但是时间都很短暂。从公元 907 年朱温建立后梁，到公元 960 年北宋取代后周，一共只有 50 多年，但是却换了 14 个皇帝，而这 14 个皇帝又分属于 8 个姓氏，可见政局之动荡。在这段时间里，南方还有 9 个政权的分立。这 9 个政权分别是：四川地区王建建立的前蜀和孟知祥建立的后蜀，江南地区有杨行密建立的吴和李昪（biàn）建立的南唐，福建地区有王审知建立的闽，湖南地区有马殷建立的楚，两广地区有刘龚建立的南汉，湖北西部有高季兴建立的南平，浙江地区有钱镠（liú）建立的吴越。南方的九国，再加上北方今山西地区的北汉，合称“十国”。

毫无疑问，这是中国历史上又一个分裂混乱的时代。尽管时间不太长，但是对后代产生了重要的影响。

首先，传统的君臣关系发生了重要的变化。在儒家看来，帝王是上天在人世间的最高权威，有至高的权力，尤其是董仲舒提出天人感应理论之后，君主更是被神化了。然而，五代时期的君主，大都是一些赳赳武夫。他们有的是直接从唐末的节度使演变而来，有的则是前代的统军大将。他们之所以能建立自己的政权，主要是依靠手里的“枪杆子”，与所谓天命没有关系。所以，五代时期，骄兵悍将极多，大将往往拥兵自重，以军权夺取政权。若今天你依靠军队登上帝位，明天我就可以用同样的办法取代你，后天我也可能被别人“以其人之道还治其人之身”，君主的权威荡然无存。

后晋有一位叫安重荣的节度使，性格粗暴，为人骄横。他经常对别人说：“天子宁有种邪？兵强马壮者为之耳。”堂堂天子在他看来已经没有任何神秘性和权威性了。他的府前有一根高几十尺的旗杆，他曾经手持弓箭对手下说：“我要是可以射中旗上的龙，就一定可以做皇帝。”结果他居然一箭命中，便越发自信，后来他起兵叛乱，兵败被杀。他是失败者，但是像他这样用武力方式的大有人在，甚至不乏成功的。这些人一旦掌握政权，要么就互相攻伐，令老百姓饱受战乱之苦；要么就退而自保，为保住自己的地位不择手段。

十国中最弱小的政权南平，只占有今天的湖北江陵、秭归、宜昌等地区。这个政权的建立者高季兴和其继任者，对所有中原的王朝都称臣以求赏赐，还拦截过路的使节商旅，没收财物。如果对方派兵来讨伐，他们便立即归还财物，毫不羞愧，是典型的无赖政权，邻国称之为“高赖子”。

君主如此不堪，就给臣子出了难题。按照儒家的要求，臣子应尽心辅佐君主。所谓“君使臣以礼，臣事君以忠”，臣子必须对君主尽忠职守。可是五代十国时期的这些君主太不成器，而且政局变化太快，皇帝像走马灯一样频繁更换，如果按照“忠臣不事二主”的原则，那么朝堂上就没有人了。所以这些臣子只好换一种心态看待君主，不把君主视为效忠的对象，而只是把自己看作雇工，而把君主看作雇主。雇主换了，他们就去别的地方打工，对这样的事习以为常。这方面最典型的人物就是冯道。

冯道历事后唐、后晋、后汉、后周与契丹，不离将、相、公高位，以“长乐老”自诩。后来的很多史学家出于忠君观念，对他非常鄙视，欧阳修说他“不知廉耻”，司马光说他是“奸臣之尤”。但是公平地讲，要求士大夫在乱世中恪守“从一而终”的道德是不现实的，也是苛责古人，而且冯道在他力所能及的范围内，做了很多利国利民的好事。而其他的很多官员则比冯道差得远，他们既然把所谓的原则和气节都丢掉了，索性就作恶到底。

湖州刺史高澧（lǐ）性凶残，曾经问手下：“吾欲尽杀百姓，可否？”手下回答：“这样的话，租税从哪里来？只能杀该杀的那些人。”历史上虐民之官不可胜数，像高澧这样凶残且愚蠢的委实少见。百姓遇上这样的官员，要么引颈受戮，要么铤而走险反抗，怕是没有第三条路可走了。

中原的混乱给了北方的契丹族以可乘之机。契丹族原来是鲜卑宇文部的一支，很早就在今内蒙古东部地区过着游牧生活。10世纪初，契丹首领耶律阿保机统一了契丹及邻近部族。公元916

年，阿保机称帝，建立契丹王朝。此后，他和他的儿子耶律德光都积极寻求南下发展的机会。

后唐王朝的大将石敬瑭想要推翻后唐取而代之，但是他自认实力不足，就想借助契丹的力量。为此，他不惜认契丹皇帝耶律德光为父，自称“儿皇帝”，而石敬瑭实际上比耶律德光整整大10岁。除此之外，石敬瑭每年还要送给契丹30万匹绢帛，最关键的是：他把长城以南被称为“燕云十六州”的广大土地割让给了契丹。公元936年，耶律德光出兵帮助石敬瑭击败后唐，石敬瑭终于如愿以偿登上了皇位，建立后晋王朝。

石敬瑭的侄子石重贵即位后，与契丹书信称孙不称臣，以示两国均礼。这就给了耶律德光向中原扩张的口实。契丹两次发兵南侵，皆为后晋军所击退，公元946年，耶律德光又一次发兵南下。次年，后晋亡。

在与后晋的合作中，契丹的最大收益就是获得了燕云十六州。这个地区包括了今北京和河北北部、山西北部的大片土地，东西约600千米，南北约200千米，面积约12万平方千米。这个地区是中国北部、西部高原地区和平原地区的结合处，契丹族掌握了这个地区之后，汉族所修筑的万里长城便完全失去了千百年来的作用。从新的边界向南，是一望无际的华北平原，北方游牧民族的铁骑可以纵横驰骋，这样他们就拥有了非常有利的战略位置。而中原政权只能处于仰攻的不利境地，非常被动。

不过，五代十国时期也不是漆黑一团。比如，南方的政权因为普遍势力比较弱小，所以彼此之间战争不多，反而都比较重视发展经济，因此这个阶段南方的经济水平在不断提高。十国中的吴越位于浙江钱塘江边，每每受到海水涨潮倒灌的危害，大量农田被淹没，即便潮水退去也会造成土地的盐碱化。吴越王钱镠动员大批劳动力在杭州候潮门到通江门一带修筑捍海石塘，用木桩把装满石块的竹笼固定在江边，形成坚固的堤坝，保护两岸农田不再受海潮侵蚀。这就是著名的“钱氏捍海塘”。历经 300 余年，海塘一直到宋朝还在发挥作用。

北方的局势在五代末年也有所变化：由于南方政权各自偏安，所以统一全国的任务最终还要由北方完成。五代的统治者中，后梁的朱温出身军阀，奢侈淫乱，难成大业。后唐、后晋和后汉的建立者都是沙陀人，作战固然勇猛，但是不善治国。直到五代最后一个政权后周建立以后，统一才有了希望。这个政权的第二个皇帝周世宗柴荣是五代时期最有作为的帝王。他通过发展经济、抑制佛教、用人纳谏、广开言路等措施整顿内政，同时整军修武，发展军力，积极准备完成统一。他向南打败了南唐，获得江北的大片土地，然后又亲率大军攻打契丹（此时称辽），意图收复燕云十六州。他很快就收复了十六州中的三州，可惜突患重病，被迫班师，不久去世，年仅 39 岁。他未竟的事业，只能交给未来的北宋王朝去完成了。

思维导图

五代与十国——又一个乱世

- 五代
  - 朱温建立后梁
  - 李存勖建立后唐
  - 石敬瑭建立后晋
  - 刘知远建立后汉
  - 郭威建立后周
- 十国
  - 南方九国：前蜀、后蜀、吴、南唐、闽、楚、南汉、南平、吴越
  - 北方的北汉

发散思考

如果你生在五代，面对这样一个混乱的局面，你首先想要解决的问题是什么呢？

图书在版编目(CIP)数据

历史应该这样学. 从两汉到五代 / 赵利剑著. —成都：天地出版社，2023.8
ISBN 978-7-5455-6942-1

Ⅰ. ①历… Ⅱ. ①赵… Ⅲ. ①中国历史—秦汉时代—青少年读物②中国历史—五代十国时期—青少年读物 Ⅳ. ①K209

中国版本图书馆CIP数据核字（2022）第001877号

LISHI YINGGAI ZHEYANG XUE · CONG LIANGHAN DAO WUDAI

历史应该这样学 · 从两汉到五代

出品人	陈小雨　杨　政	责任校对	张月静
作　者	赵利剑	美术设计	曾小璐　丁　宁
监　制	陈　德	插图绘制	李冬冬
策划编辑	凌朝阳	营销编辑	李　昂
责任编辑	何熙楠	责任印制	刘　元

出版发行　天地出版社
（成都市锦江区三色路238号　邮政编码：610023）
（北京市方庄芳群园3区3号　邮政编码：100078）
网　址　http://www.tiandiph.com
电子邮箱　tianditg@163.com
经　销　新华文轩出版传媒股份有限公司

印　刷　天津融正印刷有限公司
版　次　2023年8月第1版
印　次　2023年12月第4次印刷
开　本　710mm × 1000mm 1/16
印　张　20.5
字　数　230千字
定　价　55.00元
书　号　ISBN 978-7-5455-6942-1

咨询电话：（028）86361282（总编室）
购书热线：（010）67693207（营销中心）